Lutz Berners, Miriam Fritz,
Susanne Heimburger, Nora Frisch

DER ROTE FADEN DURCHS REICH DER MITTE

Schmatzen erlaubt, Herr Knigge?
Chinesische Business-Etikette von A bis Z

DRACHENHAUS
VERLAG

Text:	Lutz Berners, Miriam Fritz, Susanne Heimburger, Nora Frisch
Illustration:	Gregor Körting
Cover:	Hermann Kienesberger / Reklamebureau Wien
Layout und Satz:	Hermann Kienesberger, Paul Khittl
Redaktion und Lektorat:	Susanne Heimburger

Bibliografische Information der Deutschen Nationalbibliothek:
Die Deutsche Nationalbibliothek verzeichnet diese Publikation in der Deutschen Nationalbibliografie; detaillierte bibliografische Daten sind im Internet unter http://dnb.dnb.de abrufbar.

Gedruckt in der Tschechischen Republik
auf FSC®-Papier.

FSC
www.fsc.org
MIX
Papier aus verantwortungsvollen Quellen
FSC® C084279

ISBN: 978-3-943314-07-6

INHALT

Kommst Du in ein Dorf, so folge den Sitten

EIN AUFRUF ZUR ENTSPANNUNG

China ist anders. Ganz anders. Es ist riesig, bevölkerungsreich, zerklüftet, dynamisch, umweltbelastet, im immerwährenden Umbruch, schnell, hektisch, risikoreich und natürlich voller Gelegenheiten. Und noch dazu diese fremde Kultur! *Ganbei,* Gesicht wahren, Harmonie, *Guanxi,* Visitenkarten ... Am Tisch nicht die Nase putzen! Visitenkarten beidhändig überreichen! Den Teller niemals leer essen! Keine Blumen schenken! – Man fühlt sich schnell überfordert von dem Anspruch, das alles unter einen Hut zu bringen.

Vielleicht werden Sie daher erst einmal versuchen, sich systematisch durch das ABC dieses Buchs zu arbeiten und den zahlreichen Querverweisen auf inhaltsverwandte Stichworte folgen – nur um irgendwo zwischen *Fingerzeichen* und *Kampftrinken* festzustellen, dass Ihnen der Kopf brummt. Legen Sie das Buch dann am besten erst einmal zur Seite und holen Sie es wieder heraus, wenn Sie in einer konkreten Situation einen Kompass brauchen. Genau so ist das Buch auch gedacht: als kleines Nachschlagewerk und Begleiter für (fast) alle Lebenslagen, in die Sie bei einer geschäftlichen Chinareise geraten können.

Auf Basis unserer Erfahrungen der letzten Jahrzehnte in China möchten wir Ihnen, zusätzlich zu diesem Buch, noch einen Rat mit auf den Weg geben: Bereiten Sie sich gut vor, und seien Sie dann entspannt und gelassen. Chinesen sind sehr kulant und tolerant gegenüber Ausländern. Fast jeder Chinese, mit dem Sie zu tun haben werden, hatte bereits mit genügend Ausländern Kontakt, um zu wissen, was ihn erwartet. Und wenn Sie einmal nicht weiterwissen, fragen Sie einfach – wer klärt nicht gerne Ausländer über seine eigene Kultur auf? Und welcher Gastgeber würde von seinem Gast erwarten, sich selbst komplett zu verbiegen, nur um der Kultur des Gastlandes zu entsprechen?

Ein Grundverständnis für die chinesische Kultur sollten Sie sich auf jeden Fall verschaffen. Seien Sie vorsichtig mit Stereotypisierungen. Viele der scheinbar etablierten Kulturmerkmale sind besonders im Hinblick auf die hochmoderne, selbstbewusste jüngere Generation nicht mehr gültig oder haben sich ins Gegenteil verkehrt. Kulturelles Einfühlungsvermögen kann einen großen Beitrag dazu leisten, die Beziehung zu stärken. Wenn Sie jedoch beim Zuprosten noch nicht ganz den Dreh raushaben, wird Ihnen der chinesische Geschäftspartner sicher nicht gleich den mühsam verhandelten Vertrag um die Ohren hauen. Den chinesischen Geschäftsfreunden geht es ja ebenso ums Geschäft wie Ihnen.

Das Wichtigste, was Sie neben diesem Buch auf Ihrer Chinareise im Handgepäck haben sollten, ist Vertrauen in die eigenen Werte, Stärken und Tugenden. Wenn Menschenkenntnis Ihre Stärke ist, wird sie auch in China greifen – und Sie werden sich selbst gut genug kennen, um die Grenzen Ihres eigenen Verständnisses für die andere Kultur richtig einschätzen zu können. Wenn Sie in Deutschland wegen Ihres großen Einfühlungsvermögens gegenüber Kunden erfolgreich sind, fahren Sie damit auch in China gut – diese besondere Gabe wird Ihr Ratgeber sein. Wenn Sie in Deutschland ein geschickter Verhandler sind, werden Sie dies auch in China sein – Ihre Erfahrung wird Ihnen schon bei der Vorbereitung die Fragen aufzeigen, mit denen Sie sich besonders auseinandersetzen müssen. Meist funktioniert der interkulturelle Austausch relativ problemlos, wenn Sie den gesunden Menschenverstand eingeschaltet lassen und Warnsignale, die auf Missverständnisse hinweisen, beachten.

Ein Beispiel: Ein erfahrener Fast-Siebziger, der als Vertriebsleiter eines deutschen Mittelständlers Stanzteile in die ganze Welt verkauft hatte, ging nach China, um ein Joint Venture aufzubauen. Er hatte nur rudimentäre Englisch- und keinerlei Chinesischkenntnisse. Er ging die Themen mit Gelassenheit an, ohne aber das Gesamtziel aus den Augen zu verlieren. Er nahm vor seiner ersten Chinareise an keinem interkulturellen Training teil. Stattdessen suchte er sich einen erfahrenen

China-Experten, der mit ihm gemeinsam auf die Reise ging und ihm alles erklärte. Während der Berater die Diskussion übersetzte und sich auf das Gesagte konzentrierte, beobachtete der deutsche Vertriebsleiter die Gesamtsituation, die Gestik und die Mimik der Sprechenden. Anschließend ließ er sich den Inhalt der Verhandlungen Stück für Stück sinngemäß übersetzen. Am Ende fügten er und der Berater ihre jeweiligen Eindrücke zusammen und kamen zu einem schlüssigen Gesamtbild.

Welche Rolle spielte hierbei die Geschäftsetikette? Erstens benahm sich der Vertriebsleiter so, wie er es auch in Deutschland getan hätte – er war zurückhaltend. Zweitens entwickelte er durch seine Beobachtungen ein gutes Gefühl dafür, was in China als respektvoll gilt. Und drittens blieb er immer er selbst und verbog sich nicht. Höflich probierte er beim Abendessen alle Speisen durch, und was ihm nicht schmeckte, legte er nach dem ersten Bissen dezent zur Seite. Was ihm schmeckte, kommentierte er dagegen ausgiebig und mehrfach in positiver Weise. Er behandelte jeden Gesprächspartner mit dem gleichen Respekt, und den Chef mit noch mehr Hochachtung. Er verwechselte nicht Freundlichkeit und Harmonie mit Nachgeben. Und er hatte einen Berater an seiner Seite, der ihm hier und da Tipps gab, was zu beachten ist und wo die Fettnäpfchen liegen.

Dieses Buch übernimmt ein Stück weit die Rolle dieses Beraters. Es steht Ihnen mit Rat zur Seite, wenn Sie sich auf eine Situation vorbereiten oder zwischendurch über einzelne Aspekte informieren wollen. Allerdings tut es dies, wie ein guter Berater auch, nicht ungefragt – Sie müssen selbst nachschlagen, was Ihnen wichtig ist. Der Unterschied ist natürlich, dass das Buch nicht eingreifen wird, falls Sie mal auf ein Fettnäpfchen zusteuern. Ganz überflüssig wird der Berufsstand des Beraters dann doch noch nicht.

QING-LI-FA ODER FA-LI-QING?
DAS 1x1 DER SOZIALEN GRUNDREGELN

Welches sind die wichtigsten Unterschiede zwischen deutscher und chinesischer Kultur? Im Grunde kann man diese Frage sehr schnell beantworten: In der europäischen Kultur kommt als erstes das Gesetz (法 fǎ); danach kommen Gebräuche, Logik und Umgangsformen (理 lǐ); auf dieser Basis entwickeln sich Beziehungen (情 qíng). In China ist es genau umgekehrt: Zuerst kommen die Beziehungen (情 qíng); dann zählen Gebräuche, Logik und Umgangsformen (理 lǐ) und erst danach schaut man nach dem Gesetz (法 fǎ). Also *Qing-Li-Fa* statt *Fa-Li-Qing*.

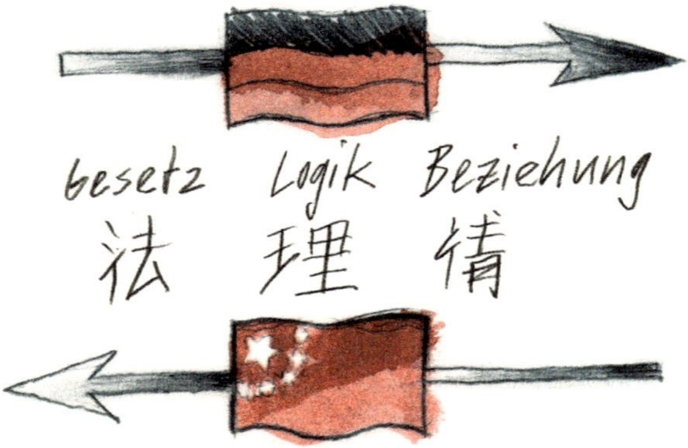

Erst das Gesetz oder erst die Beziehung?

Die Grundlage der chinesischen Kultur ist das Streben nach **Harmonie**. Hierbei spielt die **Hierarchie** eine zentrale Rolle: Ranghöhere haben gegenüber Rangniederen Fürsorgepflichten. Dafür schulden Rangniedere den Ranghöheren Gehorsam. Um die Harmonie nicht zu gefährden, wird zudem jegliche Form der Provokation oder

der aggressiven Kommunikation vermieden. Harmonie und Höflichkeit sind in China oft wichtiger als Ehrlichkeit. Daher spricht man Unangenehmes nie direkt an, übt keine offene Kritik, stellt niemals die Schwächen eines anderen bloß und wird sich nie zu einem klaren *Nein* verleiten lassen. Behutsames Kommunizieren ist die Stärke der Chinesen, und leider müssen auch Europäer, die in China Geschäfte anbahnen möchten, lernen, die eigentlichen Aussagen hinter der verbalen Schonkost zu erkennen. In Geschäftsbeziehungen mit Chinesen kann es durchaus vorkommen, dass man sich in unverfänglicher, scheinbar harmloser Kommunikation wähnt, während unter der Oberfläche Konflikte brodeln, die über die Zeit wachsen, aber nie zur Sprache kommen. Unter Umständen eskaliert die Situation zum offenen Krieg und man sieht sich vor Gericht wieder. Die Rolle von Dolmetschern darf hierbei nicht unterschätzt werden. Es geschieht häufig, dass ein chinesischer Übersetzer potenziell provozierende Inhalte oder Untertöne aufweicht oder rauskürzt.

Für die Harmonie ist es außerdem unerlässlich, jedermanns **Gesicht** zu wahren. Hierunter muss man sich jedoch kein hochkomplexes Verhaltenssystem vorstellen. Es genügt, sich einmal mehr an die einfache Umgangs- und Gesellschaftsformel zu halten: gegenseitiger Respekt. Es gilt sicher nicht nur für China, sondern auch für andere Kulturen, dass niemand es schätzt, vor anderen eine Absage zu erhalten, kritisiert oder bloßgestellt zu werden (das Gesicht zu verlieren). In China wird dies nur stärker gewichtet und der Unmut bei respektlosem Verhalten greift tiefer als etwa hierzulande. Wo eine offen geübte Kritik in Deutschland vielleicht bald vergeben und vergessen ist, kann sie in China einer Beziehung nachhaltig schaden. Umgekehrt wird es sehr positiv gewertet, jemandem Gesicht zu geben – das beginnt mit kleinen, scheinbar unbedeutenden Gesten wie zum Beispiel jemandem Feuer zu geben, Tee einzuschenken, etc.

Natürlich geht ohne Beziehungen – **Guanxi** – nichts bis gar nichts; hierbei geht es nicht um Korruption oder Seilschaften (wobei eine Mitgliedschaft in diversen Seilschaften in China keineswegs von Nachteil ist), sondern um Beziehungen zwischen Menschen, die auf gegenseitigem Nutzen aufbauen. Das Wort *Guanxi* lässt sich kaum in eine westliche Sprache übertragen und ist doch eines der wichtigsten überhaupt, das die chinesische Gesellschaft kennt. In Wörterbüchern findet man *Beziehungen* oder *Netzwerk* als Übersetzung, doch beide Begriffe geben das Konzept, das hinter *Guanxi* steckt, nur unzulänglich wieder. *Guanxi* sind Beziehungen zwischen Menschen, die sich über einen langen Zeitraum hinweg entwickeln müssen. Sie entstehen zum Beispiel, wenn man aus dem gleichen Dorf stammt, die gleichen Vorfahren oder gemeinsame Bekannte hat. *Guanxi* müssen permanent gepflegt werden, vor allem, indem man anderen ab und zu einen Gefallen erweist. Diese sollten sich dann irgendwann mit einem Gegengefallen erkenntlich zeigen.

Das Gegenteil von Harmonie ist übrigens das **Chaos**, welches es unbedingt zu vermeiden gilt. Weil jedoch in China in vielen Lebensbereichen Chaos herrscht, braucht man einen unbeirrbaren **Blick für das Wesentliche**. In China besteht die Herausforderung eben nicht darin, Gelegenheiten zu identifizieren, sondern eher darin, aus der riesigen Masse der Gelegenheiten die passende herauszufiltern. Daher passiert es zum Beispiel relativ schnell, dass chinesische Gesprächspartner sich recht abrupt aus einem Gespräch verabschieden oder eine zunächst vielversprechende E-Mail-Kommunikation scheinbar ohne ersichtlichen Grund zum Erliegen kommt: In diesem Fall kann es sein, dass der chinesische Partner die Gelegenheit zu diesem Zeitpunkt als ungünstig einstuft und beschließt, sich einstweilen anderen Themen zuzuwenden.

Wenn man die obigen Kernpunkte zusammenbringt, gelangt man unweigerlich zu dem Schluss, dass eine gehörige Portion **Flexibilität** zum chinesischen Handwerkszeug dazugehört. Deutsche Geschäftsleute planen ihre Chinareisen oft minutiös bis ins letzte Detail, und dies Wochen oder gar Monate im Voraus. Chinesische Geschäftsleute hingegen planen ihre Deutschlandreisen oft mit gerade so viel Vorlauf, wie sie für die Visum-Beantragung benötigen. Wenn zum Beispiel ein Deutscher mit einem Chinesen einen Termin in acht Wochen vereinbaren möchte, wird der – vermutlich leicht verwunderte – Chinese erst einmal zusagen. Für den Deutschen ist das Thema damit erledigt, der Termin steht. Der Chinese wird aber natürlich den Termin nur als lose Absichtserklärung sehen, denn welcher gesunde Mensch plant denn so lange im Voraus? Es gibt doch immer wieder unvorhergesehen auftretende Termine, insbesondere wichtige Verabredungen mit Kunden oder Behördengänge. So kommt es in der Praxis ständig vor, dass der von den Deutschen sorgfältig und lange im Voraus geplante Termin einen Tag vorher oder sogar noch am selben Tag von chinesischer Flexibilität umgeworfen wird. Da jedoch chinesische Geschäftsleute mit dieser Flexibilität gut vertraut sind, gehört das Verlegen von Terminen ganz einfach mit dazu und stellt für gewöhnlich kein Problem dar. Für Deutsche sind diese ständigen Änderungen jedoch oft sehr ermüdend und für den unerfahrenen Chinareisenden kaum umsetzbar. Deutsche mit viel Chinaerfahrung hingegen kommen meist gut damit zurecht und können trotzdem effektive Reisen organisieren.

Wem zwischen den verschiedenen Punkten, die hier beschrieben wurden, **Widersprüche** aufgefallen sind, der hat auch noch den letzten wesentlichen Zug der chinesischen Kultur entdeckt: Für Chinesen ist es oft kein Problem, völlig konträre Meinungen oder sogar Tatsachen zu erdulden. Viele Dinge erscheinen für Westler oft unvereinbar. Meist pflegen Chinesen einen indirekten Kommunikationsstil; wenn sie dann doch einmal direkt werden, wirkt dies auf Nicht-Asiaten oft sehr überraschend: Auf die überbordende Höflichkeit gegenüber Gästen folgt im gleichen Atemzug das barsche Anherrschen einer Hotelangestellten. Rührendes Kümmern um den etwas älteren Kollegen steht im krassen Gegensatz zur Rücksichtslosigkeit beim Einsteigen in die U-Bahn. Meist gibt es eine Erklärung für diese scheinbaren Widersprüche: Wenn man etwas klarmachen möchte, ist manchmal Direktheit der beste Weg. Hierarchien beherrschen das Leben und bestimmen die Rolle von Gästen und Dienstpersonal. Und wenn man keine Beziehung zu jemandem hat, dann existiert man de facto für diese Person nicht – so viel zur Ellenbogengesellschaft in der U-Bahn. Aber manche Widersprüche können nicht erklärt oder aufgelöst werden. In diesem Fall wird der Widerspruch oft einfach akzeptiert. Übrigens gibt es im Chinesischen kein semantisch hergeleitetes Wort für *Widerspruch*; das entsprechende Wort (矛盾 máodùn) beruht auf einer Legende über einen Waffenhändler, der von seinen Speeren (盾 dùn) behauptete, dass sie jeden Schild (矛 máo) durchstoßen würden. Gleichzeitig pries er Schilde an, die angeblich jedem Speer standhalten könnten.

Je mehr man über die chinesische Kultur lernt, desto bewusster wird einem, wie wenig man weiß. Die Kultur ist tief, breit und kompliziert. Das Gute hierbei ist, dass niemand von einem Europäer erwartet, sich perfekt in die chinesische Kultur einzupassen. Chinesen freuen sich, wenn sich ein Ausländer aktiv mit der chinesischen Kultur befasst, und die geschicktesten Besucher nutzen ihr beschränktes kulturelles Wissen, um Gespräche anzufangen und Freundschaften zu vertiefen. Es gibt keinen besseren Weg, Beziehungen aufzubauen, als gemeinsam Kulturen zu ergründen!

Lutz Berners und Miriam Fritz, Berners Consulting Stuttgart

CHINESISCHE BUSINESS-ETIKETTE VON A BIS Z

A

Abendessen

Siehe → Arbeitsessen, → Essen, Allgemeines, → Essenszeiten.

Abendprogramm

Wer glaubt, sich nach einem anstrengenden Besichtigungs- oder Verhandlungstag in sein gemütliches Hotelzimmer zurückziehen zu können, der irrt gewaltig. Chinesen bieten ihren Gästen ein Rundumprogramm an, ob diese wollen oder nicht. (Wenn man keine Lust hat, sollte man das allerdings nie offen zeigen.) Die gleiche Rundumbetreuung erwarten chinesische Gäste dann übrigens auch, wenn sie in Deutschland zu Besuch sind.
Keinesfalls eine Legende ist, dass sich schon mancher deutsche Geschäftsmann plötzlich auf einer Karaoke-Bühne wiedergefunden hat. Chinesen lieben es zu singen und haben dabei auch keinerlei Hemmungen. Vom deutschen Geschäftspartner wird der gleiche Enthusiasmus erwartet. Besonders beliebt ist es, wenn die Langnase sich die Mühe gibt, ein chinesisches Lied zum Besten zu geben. Daneben kommen deutsche Volkslieder sehr gut an. Bei *Hoch auf dem gelben Wagen* war schon mancher Chinese vor Entzücken außer sich, auch wenn er nicht einmal eine entfernte Ahnung davon hatte, worum es in dem Lied geht. Auch Besuche in Nachtclubs oder Table-Dance-Bars kommen bisweilen vor, führen in der Regel aber nicht zu kompromittierenden Situationen. Daneben gilt Bowling als beliebte Abendbeschäftigung, mit der Chinesen ihre ausländischen Gäste gerne unterhalten.

Aberglaube

Noch heute sind viele Chinesen äußerst abergläubisch, und zahlreichen

Dingen wird eine symbolische Bedeutung zugesprochen. Manchmal kann schon eine ungünstige Mondkonstellation den Abschluss von Verträgen verhindern oder zumindest verzögern. Und sogar im Geschäftsleben gibt es einige Situationen, in denen man über die Symbolik, zum Beispiel von Farben, Speisen oder Zahlen, Bescheid wissen sollte, um dem Geschäftspartner nicht missverständliche Signale zu senden.
Siehe genauer → Essenssymbolik, → Farbensymbolik, → Symbolik, → Zahlensymbolik.

Abholung am Flughafen
Ausländer werden von den chinesischen Geschäftspartnern üblicherweise am Flughafen abgeholt. Das Gleiche erwarten sie auch, wenn sie einmal zu Besuch in Deutschland sein sollten. Am Ausgang wird man dann mit einem Schild erwartet, auf dem der eigene Name steht. Nur wird man den ob der riesigen Menschenmassen nicht ohne weiteres finden. Dann geht man besser ein wenig auf die Seite und versucht, seinen Abholdienst per Handy zu erreichen.
Siehe auch → Sitzordnung im Auto.

Ablehnung
Siehe → Nein sagen.

Absage
Siehe → Einladungen, → Nein sagen.

Accessoires
Nicht nur die Kleidung, sondern auch die Accessoires sollten den Eindruck vermitteln, dass man ein hochrangiger Vertreter seines Unternehmens ist. Teure Uhren, kostspielige Krawattennadeln und wertvolle Visitenkartenetuis können dabei die richtigen Signale setzen. Auf Modeschmuck sollte man besser verzichten, Männer sollten prinzipiell kei-

ne Ohrringe tragen. Tätowierungen und Piercings gilt es möglichst zu verbergen. Modisch gesehen bevorzugt man im chinesischen Geschäftsleben ein eher konservatives Erscheinungsbild.
Siehe auch → Kleidung, → Piercing, → Schuhe, → Tätowierung, → Understatement.

Agenda
Wer den Drang hat, vor Besprechungen eine detaillierte Agenda mit allen zu behandelnden Punkten und einem abgesteckten Zeitrahmen auszutüfteln, kann das gerne tun. Er wird nur damit rechnen müssen, dass sie nicht eingehalten wird. Gerne wechseln Chinesen bei Besprechungen plötzlich das Thema, gehen wieder auf bereits abgehakte Punkte ein und rollen sie neu auf. Oder sie kommen plötzlich auf ganz andere Dinge zu sprechen. Wenn sie eine Powerpoint-Präsentation in der Tasche haben, kann es passieren, dass diese plötzlich hervorgeholt wird, auch wenn sie an dieser Stelle gar nicht vorgesehen ist. Besser ist es, nur die allerwichtigsten Punkte zu notieren, die unbedingt besprochen werden müssen.
Siehe auch → Kommunikationsstil.

Akademische Titel
Siehe → Anrede.

Alkohol
Europäer vertragen Alkohol besser als Chinesen. Schon bei kleinen Mengen an Alkohol drohen dem Chinesen Magenbeschwerden, das Gesicht wird rot und der Puls steigt. Das ist wissenschaftlich belegt: Chinesen fehlt das entscheidende Enzym, das den Alkohol abbaut. Nur warum es ihnen fehlt, konnten Wissenschaftlicher bisher noch nicht eindeutig erklären. Chinesen haben trotzdem sehr viel Spaß am und mit Alkohol. Dabei ist der Norden Chinas dem Alkohol etwas stärker zugetan als der Süden. Selbst seriöse Geschäftsleute fordern ihre Geschäfts-

partner, zum Beispiel nach einem gediegenen Abendessen, ganz gerne einmal zu einem Trinkspiel heraus, das mitunter in einem regelrechten Besäufnis enden kann.
Siehe auch → Getränke, → Geschenke, → Kampftrinken, → Rauchen, → Trinksitten, → Trinksprüche.

Alter
In China verleiht das Alter Würde und Ansehen. Ältere Menschen sind Respektspersonen und werden verehrt. Häufig haben sie bei strittigen Familienangelegenheiten das letzte Wort (zum Beispiel wenn es um Erbstreitigkeiten geht). Die Entscheidungen des Familienältesten werden von allen akzeptiert. Ältere werden vor den Jüngeren gegrüßt, der Ältere hat gegenüber dem Jüngeren das Rederecht. Und möchte sich der Ältere eine Zigarette anzünden, dann nimmt ihm der Jüngere höflicherweise die Streichhölzer aus der Hand, um ihm Feuer zu geben. Auch sollte man beim Zuprosten das eigene Glas nie höher als das eines älteren Menschen heben.
Im Gegensatz zu Deutschland, wo man beruflich schon recht früh aufs Abstellgleis geschoben wird, wird in China Alter mit Weisheit, Erfahrung und Wissen verbunden. Diese Einstellung wirkt sich auch im Geschäftsleben für ältere Menschen positiv aus: Häufig verhandeln chinesische Unternehmen nur mit Leuten, die sie als erfahrene Persönlichkeiten einschätzen. Wenn deutsche Unternehmen Verhandlungspartner nach China schicken, sollten sie entweder ältere Mitarbeiter dafür auswählen oder darauf achten, dass ihre jüngeren Mitarbeiter von älteren begleitet werden. Ansonsten könnte es sein, dass sie nicht ernst genommen werden und ohne Vertrag in der Tasche wieder nach Deutschland zurückkehren müssen. Ältere Verhandlungspartner dagegen werden die volle Aufmerksamkeit und Fürsorge der Chinesen genießen und bevorzugt behandelt. Diese Fürsorge kann ungeahnte Ausmaße annehmen. So soll es zum Beispiel schon vorgekommen sein, dass ein 70-jähriger deut-

scher Firmenchef vom Hotel zum Taxi getragen wurde und von dort an den Verhandlungstisch – bis er verzweifelt darum bat, sich doch auch einmal ein wenig die Füße vertreten zu dürfen ...
Dennoch gilt: Auch in China fragt man fremde Leute nicht einfach nach ihrem Alter. Wenn sich Chinesen auf höfliche Art und Weise nach dem Alter von jemandem erkundigen möchten, machen sie das gerne indirekt mit der Frage *Zu welcher Art gehörst du?* Damit fragen sie nach dem chinesischen Tierkreiszeichen des anderen. Insgesamt gibt es davon zwölf, und da jedem Jahr ein Tierkreiszeichen zugeordnet ist, das nur alle zwölf Jahre wiederkehrt, kann man so das Alter seines Gegenübers recht gut einschätzen. Allerdings sollte man in China aufpassen: Da das Alter geschätzt wird und für Weisheit und Wissen steht, kann es unter Umstanden unhöflich sein, dem anderen zu bescheinigen, man habe ihn wesentlich jünger geschätzt als er ist. Was man im Westen meist als Kompliment auffasst, kann in China zu Unmut führen, weil man damit Gefahr läuft, die Autorität des anderen infrage zu stellen.

Andeutungen

Wer nach China reist, muss die Kunst des *Zwischen-den-Zeilen-Lesens* erlernen. Wichtige Informationen werden häufig nicht gleich an den Anfang eines Gesprächs gestellt, sondern tauchen oft erst am Schluss, gerne auch in einem unauffälligen Nebensatz auf. Außerdem präsentieren Chinesen ihre Botschaften gerne hübsch verpackt. Erkundigt sich ein chinesischer Geschäftspartner zum Beispiel sehr ausgiebig über den Standort der deutschen Firma, könnte das ein Hinweis darauf sein, dass er nach Deutschland eingeladen werden möchte.
Siehe auch → Bitten, → Essensymbolik, → Kommunikationsstil → Kritik

Anrede

Herr heißt auf Chinesisch *Xiansheng* (先生 xiānsheng), *Frau* heißt *Nüshi* (女士 nǚshì). Aber: In China steht der Name vor der Anrede, und der

Nachname steht vor dem Vornamen. Aus *Herr Wang* wird also *Wang Xiansheng* (王先生 Wáng xiānsheng) und aus *Frau Li* wird *Li Nüshi* (李女士 Lǐ nǚshì). Und stellt sich jemand mit *Li Yun* (李云 Lǐ Yún) vor, ist *Li* der Nachname und *Yun* der Vorname.
Mit *Fräulein* (小姐 xiǎojie) werden mancherorts auch *leichte Mädchen* bezeichnet. Allerdings ist diese Anrede im Alltag durchaus üblich, zum Beispiel werden Kellnerinnen mit *Fräulein* angesprochen, wenn man sie herbeirufen möchte.
Das Wort *Taitai* (太太 tàitai) bezeichnet eine Frau, die sozusagen von *Beruf* Ehefrau ist – also viel Geld und viel Freizeit hat. *Taitai* kann daher auch eine leicht negative Bedeutung annehmen. *Furen* (夫人 fūren) ist eine etwas unverfänglichere Bezeichnung für eine verheiratete Frau.
Der akademische Grad gehört auch in China mit zur Anrede, ebenso der Beruf oder die Position: *Dr. Wang* ist dann *Wang Boshi* (王博士 Wáng bóshì), *Manager Wang* wird zu *Wang Jingli* (王经理 Wáng jīnglǐ). Und während es in Deutschland gut ankommt, den anderen besonders häufig mit seinem Namen anzusprechen, spricht man den anderen in China eher in seiner Funktion an (etwa als: *Herr Direktor*). Denn wenn der eigene Name zu oft ausgesprochen wird, könnten böse Geister auf einen aufmerksam werden. Gegenüber Taxifahrern, Frisören oder Arbeitern benutzt man die Anrede *Shifu* (师傅 shīfu = fachlicher Meister), Lehrer sind *Laoshi* (老师 lǎoshī = alter Meister), Ärzte wiederum *Daifu* (大夫 dàifu = großer Mann).
Lange Zeit war in der Volksrepublik China auch die Anrede als *Tongzhi* (同志 tóngzhì = Genosse) üblich. Das ist heute nicht mehr gebräuchlich, zumal sich die Bedeutung des Wortes *Tongzhi* etwas verschoben hat. Bezeichnet jemand aus der jüngeren Generation heute jemanden als *Tongzhi*, so will er sagen, dass der andere schwul ist. Das kam so: Zerlegt man das Schriftzeichen für *Tongzhi* in seine Einzelzeichen, so bedeutet es *Menschen gleichen Willens* – und das kann man nun so oder so interpretieren.

Da man in China das Alter besonders ehrt, klingt es in chinesischen Ohren auch nicht beleidigend, wenn man zum Beispiel vom *Alten Zhou* (老周 lǎo Zhōu) spricht. Das ist nur eine besondere Form, um Herrn Zhou Respekt zu erweisen. Selbst Frauen sind in China alles andere als pikiert, wenn man bei ihrer Anrede ein (老 lǎo = alt) voranstellt (→ *Alter*). Umgekehrt funktioniert die Anrede übrigens auch: Ist jemand jünger als man selbst, kann man ihn auch *klein* nennen, also zum Beispiel *Kleiner Zhou* (小周 xiǎo Zhōu). Im geschäftlichen Alltag wird man auf diese Anrede allerdings eher verzichten. Ebenfalls unüblich ist es, sich – wie in amerikanischen Unternehmen – gleich beim Vornamen anzusprechen. *Siehe auch → Namen.*

Anstandsreste

Niemals sollte man in China seinen Teller bzw. seine Schale leeressen oder die letzten Essensreste vom Servierteller räumen. Überall muss etwas übrig bleiben, ansonsten sähe es so aus, als hätte man noch Hunger und könnte noch den einen oder anderen Happen vertragen. Wer zum Essen eingeladen ist, könnte seinen Gastgeber ganz schön in Bedrängnis bringen, denn dieser müsste gleich für Nachschub sorgen – im Restaurant also nachbestellen oder zuhause seine Frau noch einmal in die Küche schicken. Ist nicht genug Essen im Haus, würde er sein Gesicht verlieren.

Der Grund für diese Sitte liegt vermutlich darin, dass China Zeiten erbitterter Hungersnöte erleben musste. Jetzt möchte man umso mehr zeigen, dass man es sich leisten kann, Essen großzügig übrig zu lassen. *Siehe auch → Tischmanieren.*

Arbeitsessen

Das Arbeitsessen im engeren Sinne kennt man in China nicht. Zwar wird auch mit Geschäftspartnern gerne und viel gegessen, doch herrscht eine lockere Atmosphäre. Gerade weil das Essen für Chinesen solch einen

wichtigen Stellenwert hat, darf der Spaß daran nicht durch ernste, vielleicht sogar unangenehme, Gesprächsthemen getrübt werden. Trotzdem sollte man die Bedeutung des Arbeitsessens nicht unterschätzen. Auch wenn es dabei entspannt zugeht: Die wirklich wichtigen Themen werden nur beim Essen besprochen, nicht im Besprechungszimmer. Daher gilt: Ein geschäftlicher Termin ohne Essen ist wenig wert. Essenseinladungen sollte man also immer annehmen.
Siehe auch → Bankett, → Essen, Allgemeines, → Smalltalk.

Arbeitszeiten
Siehe → Bürozeiten.

B

Bankett
Mit einem Bankett wird unter Geschäftsleuten gerne der Abschluss eines Vertrags gebührend gefeiert. Dementsprechend üppig und feuchtfröhlich wird es bei diesem Essen zugehen. Man sollte also möglichst viel Zeit dafür einplanen. Wer dennoch von einem Bankett vorzeitig aufbrechen muss, muss sich nicht von allen Anwesenden einzeln verabschieden. Es genügt, sich zwei bis drei Personen in der Nähe diskret zuzuwenden. Nur dem Gastgeber gegenüber ist man eine kurze Erklärung schuldig. Allerdings sollte man ihn damit nicht weiter aufhalten,

Vertragsabschlüsse werden bei einem Bankett in aller Üppigkeit gefeiert

sondern sich dann möglichst zügig auf den Weg machen. Schließlich hat sich der Gastgeber noch um weitere Gäste zu kümmern und daher keine Zeit, sich intensiver mit einem einzelnen Gast zu beschäftigen. Andere Gäste könnten sich vernachlässigt fühlen, was dem Gastgeber unangenehm wäre.
Siehe auch → Essen, Allgemeines, → Tischmanieren, → Verabschiedung.

Begrüßung
Hierarchie oder Alter regeln, wer wen zuerst begrüßt: Der Rangniedere grüßt den Ranghöheren, der Jüngere den Älteren. Dann wartet er, ob ihm der Ältere oder Ranghöhere die Hand reicht. Ob man eine Frau oder einen Mann begrüßt, ist dabei egal (→ *Ladies first*). Bei offiziellen Anlässen wird der Organisator das gegenseitige Vorstellen der Personen übernehmen und dabei mit der Vorstellung der wichtigsten Person beginnen und hierarchisch absteigend weitermachen.
In Geschäftskreisen ist es, durch den westlichen Einfluss, heute durchaus üblich, sich per Handschlag zu begrüßen. Doch während man in Deutschland einen festen Händedruck schätzt, sollte man in China lieber nur ganz leicht drücken. Manchmal legt man auch nur die Handflächen aneinander. Ein fester Händedruck bedeutet für Chinesen, dass sich der andere überlegen fühlt und diese Überlegenheit demonstrieren möchte. Umgekehrt bedeutet die chinesische *Schwabbelhand* nicht, dass man es mit einem charakterschwachen und wenig standfesten Menschen zu tun hat. Frauenhände werden noch etwas zarter angefasst – oft nur vorne an den Fingern, der Handballen bleibt frei. Im Gegensatz zu einem deutschen Händedruck, der nur ein oder zwei Sekunden währt, dauert der chinesische dafür etwas länger an, nämlich ca. drei Sekunden. Niemals reicht man die linke Hand!
Eine Alternative ist aber immer noch die leichte Verbeugung. *Leicht verbeugen* heißt: nur ein wenig Kopf und Schultern neigen. Wer dabei nicht weiß, wohin mit seinen Händen, der legt einfach die rechte Hand

Der Gruß der Kongfu-Kämpfer

über die linke Faust oder er verschränkt die Arme auf Brusthöhe (das ist auch der Gruß der Kongfu-Kämpfer).
Wegen dieser Grußhaltung behaupten manche scherzhaft, Chinesen würden sich bei der Begrüßung selbst die Hand geben. Auch eine Kombination von kurzem Händedruck und leichter Verbeugung kommt immer gut an. Oder zuerst die Verbeugung und dann der Händedruck. Dabei darf man natürlich nie das Lächeln vergessen (→ *Lächeln*).
Die gängigste Grußformel in China ist: *Ni hao* (你好 nǐ hǎo), das heißt wörtlich: *du gut*. Wer besonders höflich sein möchte, sagt: *Nin hao* (您好 nín hǎo) (→ *Duzen*). Diese Grußformel kann man den ganzen Tag über einsetzen. Morgens kann man aber auch *Zaoshang hao* (早上好 zǎoshàng hǎo), *Guten Morgen* sagen und abends entsprechend *Wanshang hao* (晚上好 wǎnshàng hǎo), also *Guten Abend*. Manchmal, zu den Essenszeiten, hört man auch ein *Ni chile mei you?* (你吃了没有 Nǐ chīle méi yǒu) als Gruß. Das bedeutet: *Hast du schon gegessen?* Auch hier wird wieder deutlich, wie wichtig Chinesen das Essen ist. Eine ehrliche Antwort auf diese Frage wird meist nicht erwartet.
Selbstverständlich nimmt man auch in China bei einer Begrüßung den Hut ab und zieht die Handschuhe aus, bevor man seine Hand zum Gruß reicht. Wer sitzt, steht zur Begrüßung auf. Die linke Hand bleibt bei der Begrüßung weder in der Hosentasche noch hält sie ein Trinkglas oder sonstige Gegenstände. Wer einen Bekannten zufällig auf der Toilette trifft, sollte ihn auf keinen Fall grüßen. Toiletten sind in China meist nicht besonders ansprechende Örtlichkeiten. Hier wäre dem anderen ein Gruß äußerst unangenehm (→ *Toilette*).

Fremde Leute grüßen Chinesen nicht. Chinesen unterscheiden nämlich zwischen Menschen, die zu ihrem internen Kreis zählen, und jenen, die nicht dazugehören. Letztere nehmen sie schlicht und ergreifend gar nicht zur Kenntnis.
Siehe auch → Beifall, → Blickkontakt, → Wangenküsse.

Beifall
Geschäftspartner werden in China oft geradezu überschwänglich begrüßt. Häufig steht am Eingang ein ganzes Empfangskomitee bereit, das kräftig Beifall klatscht. Dann bedankt man sich höflich mit einem *Danke* (谢谢 xièxie), lächelt und verbeugt sich ein wenig.
In chinesischen Parks sieht man übrigens manchmal Menschen klatschend rückwärtsgehen. In diesem Fall handelt es sich nicht um Beifall, sondern lediglich um eine beliebte und weit verbreitete Entspannungsübung, meist für ältere Leute.

Beileidsbekundung
Siehe → Kondolenzschreiben.

Bescheidenheit
Bescheidenheit gilt in China als eine Tugend. Oft werden Chinesen daher bewusst etwas anderes sagen als sie denken. Sie spielen zum Beispiel gerne ihre Fähigkeiten herunter, und der andere ist dann dazu aufgefordert, das Understatement zu erkennen und sein Gegenüber vom Gegenteil zu überzeugen. Auf solche Beteuerungen der Bescheidenheit sollte man unbedingt reagieren. Wenn man sie einfach so stehen lässt, ist das sehr unhöflich. Behauptet ein Mitarbeiter oder ein Geschäftspartner zum Beispiel, dass er eine Fremdsprache angeblich nur sehr unzureichend spricht, muss man darauf bestehen, dass er sich in der Fremdsprache hervorragend auszudrücken weiß. Ist man bei jemandem zum Essen eingeladen, kann es sein, dass sich der Gastgeber erst einmal

für das bescheidene Mahl und die ebenso bescheidenen Kochkünste seiner Frau entschuldigen wird. Dem sollte man entgegensteuern, indem man das Essen in den allerhöchsten Tönen lobt. So gibt man dem Gastgeber *Gesicht*. Bescheidenheit hat in China eine soziale Funktion: Man möchte keinen Neid erregen und glaubt, dass durch allzu selbstbewusstes und prahlendes Verhalten Nachteile entstehen könnten. Ein altes chinesisches Sprichwort besagt: *Ein großer Baum ist dem Wind ausgesetzt (*树大招风 shùdàzhāofēng*)*. Besser also, man gibt sich als kleiner Baum aus.
Siehe auch → Entschuldigungen, → Gesicht, → Understatement.

Beschwerden
Siehe → Kritik.

Besteck, Umgang mit
Am gängigsten sind in China natürlich die Essstäbchen. Teurere Restaurants halten zwar immer auch Messer und Gabel bereit. Der chinesische Geschäftspartner wird es aber sehr schätzen, wenn sich der Ausländer die Mühe macht, die landesübliche Esstechnik zu erproben. Nur für Suppen oder andere sehr weiche Speisen liegen zusätzlich Porzellanlöffel bereit. Und weil es zugegebenermaßen nicht sehr einfach ist, mit Stäbchen aus einer Nudelsuppe die Nudeln herauszufischen, ist es erlaubt, die Essschale direkt unter den Mund zu halten, damit nicht zu viel danebengeht. Die Essstäbchen verwendet

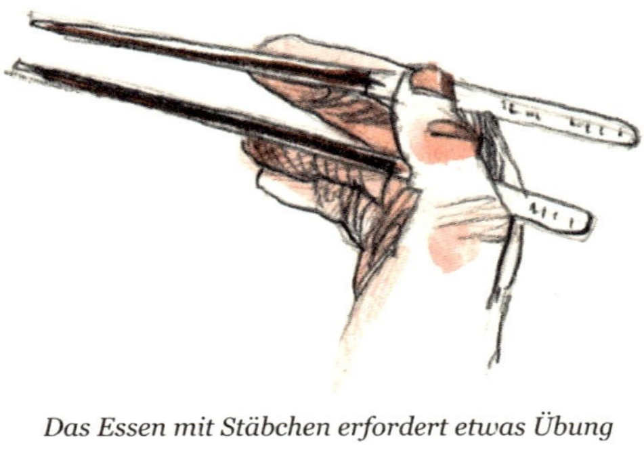
Das Essen mit Stäbchen erfordert etwas Übung

man, um Essen zu greifen, aber auch, um damit Reis aus der Schüssel zu schaufeln. Man verwendet sie nicht, um etwas damit aufzuspießen, damit herumzufuchteln oder auf andere Leute zu zeigen – das würde man mit einem Besteckmesser auch nicht tun. Wer die Stäbchen senkrecht in eine Reisschale steckt, dürfte entsetzte Gesichter ernten – dann sieht das Esswerkzeug nämlich aus wie die Räucherstäbchen in Tempeln, mit denen man der Toten gedenkt. Die Stäbchen legt man niemals auf der Essschale ab. Wer zeigen möchte, dass er satt ist, lässt einfach ein paar Reste in seiner Schale übrig (→ *Anstandsreste*). Die Essstäbchen gehören neben den eigenen Teller bzw. die eigene Essschale. Oft gibt es dafür kleine Bänkchen (ähnlich wie Messerbänkchen) oder kleine Schüsseln. Die Griffenden gehören dabei auf den Tisch.
Siehe auch → Tischmanieren.

Bestellen
Siehe → Essensauswahl.

Bezahlen
Restaurantrechnungen sind zwar auch in China genau aufgeschlüsselt, und in der Regel prüft der Zahlende die einzelnen Positionen genau. Davon bekommen aber die Gäste nichts mit. Normalerweise zahlt immer nur einer der Anwesenden. Die deutsche Angewohnheit, dass jeder einzeln für sein Essen oder seine Getränke bezahlt, wirkt auf Chinesen kleinlich. Im Gegenteil: Oft streitet man sich sogar darum, wer die Rechnung begleichen darf. Manchmal schleichen sich Chinesen auch vom Tisch weg, um heimlich im Hintergrund zu zahlen. Es ist eine Ehre, für alle bezahlen zu dürfen. Beim nächsten Mal übernimmt dann der andere die Rechnung – natürlich wieder nach einem ausgiebigen *Streit* oder mit einem heimlichen Zahlmanöver. Dennoch merken sich Chinesen sehr genau, wer den anderen bereits wie oft eingeladen hat. Wer also weiß, dass er eigentlich mit dem Bezahlen an der Reihe ist,

sollte sich beim spielerischen Gezanke um die Rechnung unbedingt durchsetzen. Wird gleich am Tisch bezahlt, schiebt man die Kreditkarte diskret unter die Rechnung.
Siehe auch → Trinkgeld.

Beziehungspflege
Chinesen möchten wissen, mit wem sie Geschäfte machen. Ob ein Geschäft zustande kommt, hängt nicht ausschließlich von objektiven Faktoren ab, sondern auch (oder vor allem) von der persönlichen Beziehung zum potenziellen Geschäftspartner.
Bei einem ersten Treffen kommen Chinesen häufig gar nicht auf das Geschäftliche an sich zu sprechen, denn es dient erst einmal dem Kennenlernen. Dabei wird man sich der einen oder anderen – für deutsches Empfinden oft aufdringlichen – Frage stellen müssen: etwa ob man verheiratet ist, Kinder hat und sogar wie hoch das Einkommen ist. Wenn man darauf nicht direkt eingehen möchte, kann man auch ruhig etwas ausweichend antworten. Oder man wechselt einfach geschickt das Thema. Niemals sollte man aber lügen (Chinesen sind oft sehr gut informiert und wissen besser Bescheid als man denkt) oder dem anderen zu verstehen geben, dass ihn das nichts anginge.
Die Zeit, die das erste Kennenlernen in Anspruch nimmt, sollte man unbedingt vorab einkalkulieren und nicht versuchen, zielorientiert auf ein Ergebnis zuzusteuern. Es kann sogar sinnvoll sein, für das Kennenlernen einen eigenen Besuch einzuplanen.
Siehe auch → Privatsphäre.

Bitten
Chinesen werden eine Bitte selten direkt abschlagen, aber auch selbst eher selten direkt eine Bitte äußern. Fast jeder weiß inzwischen, dass man in China, fragt man nach dem Weg, auf jeden Fall immer in irgendeine Richtung geschickt wird – ob der Befragte das Ziel kennt oder

nicht. Das liegt keinesfalls daran, dass Chinesen Fremde so gerne in die Irre führen, sie schlagen nur ungern eine Bitte um Hilfe ab, auch wenn sie selbst nicht weiterhelfen können. Manchmal geht es vielleicht auch nur darum, den Bittsteller möglichst schnell loszuwerden – vor allem dann, wenn man ihn nicht persönlich kennt. Wer auf der Straße nach dem Weg fragt, gehört in der Regel nicht zum *inneren Bekanntenkreis* – und wen Chinesen nicht kennen, der existiert für sie oft einfach nicht. Und somit ist es dem Befragten ziemlich egal, ob sich der Fremde nun endgültig verläuft oder seinem Ziel nähert. Bittet man zum Beispiel etwa einen Geschäftspartner darum, dass er einen zu einem bestimmten Termin begleitet, wird er zunächst zusagen. Wenn er dann aber einräumt, dass er vielleicht selbst einen Termin an jenem Tag haben könnte, kann man davon ausgehen, dass er einen nicht begleiten wird. So umständlich, wie ein Chinese eine Bitte abschlägt, bittet er auch selbst um Hilfe. Ein Chinese, der zum Beispiel in Deutschland unterwegs ist, wird vielleicht beteuern, dass er sich in der Stadt schon zurechtfinden wird, auch wenn sein Deutsch nicht gut sei. Allein, dass er das erwähnt, heißt so viel wie *Bitte begleiten Sie mich.*
Siehe auch → Ja sagen, → Nein sagen.

Blickkontakt
In China sollte man nicht zu lange Blickkontakt halten. Was im westlichen Kulturkreis als selbstbewusst gilt, Verbindlichkeit und Vertrauen schafft, wirkt in China aufdringlich und sogar bedrohlich oder aggressiv und könnte den Geschäftspartner verärgern. Das gilt auch bei Begrüßungen: Vor allem, wenn man Ranghöhere oder Ranggleiche begrüßt, senkt man ein wenig die Augen. Das ist kein Ausdruck von Schüchternheit, sondern zeugt von Respekt.

Blumen
Siehe auch → Geschenke.

Briefe

Prinzipiell bevorzugen Chinesen den persönlichen Kontakt. Es ist daher immer besser, sich – wenn irgendwie möglich – direkt und persönlich zu treffen, als zu versuchen, alles über E-Mail oder Telefon abzuwickeln. Beim Verfassen von E-Mails und Briefen gelten im Grunde die gleichen Standards und Regeln wie in Europa, höchstens die Grußformeln fallen bisweilen etwas blumiger aus. Besonders beim ersten Briefwechsel sollte man dem anderen möglichst schmeicheln und viel Ehrerbietung entgegenbringen. Ansonsten hält man sich hier recht knapp und formuliert einfach und fehlerfrei.

Auch E-Mails sollten – wie bei uns – ordentlich strukturiert und ebenso sorgfältig formuliert werden wie Briefe, also die üblichen Grußformeln, keine Abkürzungen und keine Emoticons enthalten. Chinesische E-Mails kommen häufig mit dem Vermerk *Höchste Priorität* herein. Dabei handelt es sich wahrscheinlich um den verzweifelten Versuch, aus der riesigen Datenflut, die in China unterwegs ist, herauszustechen. Vor allem Veranstaltungen und Events werden gerne als besonders wichtig markiert.

Andererseits ist der Gedanke einer lückenlosen Dokumentation und effizienten Kommunikation in China noch nicht so weit verbreitet. Die wenigsten chinesischen Geschäftsleute sind es gewohnt, Mails in *cc* zu verschicken. Daher sollte man sich nicht wundern, wenn man Informationen, die man selbst für wichtig hält, nicht automatisch bekommt.

Zu Festtagen (→ *Feiertage*) verschickt man seine Glückwünsche immer noch eher per Brief als per Mail und auf möglichst hochwertigem Papier. Etwas anderes gilt bei → *Kondolenzschreiben*.

Bürozeiten

Chinesische Unternehmen und Behörden sind in der Regel montags bis freitags von 8 Uhr bis 17 Uhr erreichbar. Allerdings sollte man die Mittagspause berücksichtigen, die von ca. 12 Uhr bis 14 Uhr stattfindet.

Häufig wird aber auch länger gearbeitet. Vor allem wenn es um wichtige Geschäfte geht, halten sich chinesische Mitarbeiter auch samstags und sonntags bereit, und das rund um die Uhr. Man selbst sollte es gleichermaßen handhaben, um dem chinesischen Partner zu signalisieren, dass man die Angelegenheit ebenso wichtig nimmt. Termine mit Behörden sollte man möglichst auf den Vormittag legen, an den Nachmittagen finden meist Sitzungen statt.
Siehe auch → Feiertage.

C

Chaos
Das Chaos ist das Gegenteil der in China so hoch geschätzten Harmonie und daher unter Chinesen sehr gefürchtet. Um Chaos zu vermeiden, sind zum Beispiel die Hierarchien in Unternehmen streng abgesteckt. Doch während es das zwischenmenschliche Chaos unbedingt zu verhindern gilt, ist eine chaotische Zeit- und Projektplanung durchaus akzeptiert.
Siehe auch → Agenda, → Zeitmanagement

Chauffeur
Siehe → Sitzordnung im Auto.

Chengyu
China ist das Land der Sprichwörter. Wer in China als gebildet und kultiviert gelten möchte, sollte möglichst viele davon kennen. Sie werden täglich in allen denkbaren Situationen eingesetzt. Im Gegensatz zu den sogenannten Redewendungen (谚语 yànyǔ), die als Spruchweisheiten eher aus dem Volke stammten, basieren die meisten Sprichwörter (成语 chéngyǔ) auf kleinen Geschichten und sind eher der Bildungselite

vorbehalten. So dienen *Chengyu* also einerseits dazu, Kenntnisse und Bildung unter Beweis zu stellen. Andererseits sind sie wiederum ein Beispiel für die indirekte Ausdrucksweise, die Chinesen pflegen. Durch die blumigen Formulierungen ist es möglich, auf Dinge zu sprechen zu kommen, die man auf direkte Weise ungern sagen möchte, um die Harmonie nicht zu gefährden.

Die Bedeutung der Sprichwörter dürfte Nicht-Chinesen allerdings nicht sofort klar sein. Wird man zum Beispiel dazu aufgefordert, *einem Drachen Augen zu malen* (画龙点睛 huàlóngdiǎnjīng), soll man einen Sachverhalt besser erklären und verdeutlichen. Und wird einem vorgeworfen, *vom Pferd aus Blumen zu betrachten* (走马观花 zǒumǎguānhuā), möchte der andere einem zu verstehen geben, dass man die Dinge doch recht oberflächlich sieht und ihnen zu wenig auf den Grund geht. Wer als Ausländer einige der Redewendungen kennt und sie sogar einsetzen kann, zeigt, wie intensiv er sich bereits mit der chinesischen Kultur auseinandergesetzt hat. Er wird seine Gesprächspartner damit sicherlich beeindrucken und einige Pluspunkte sammeln können.

Siehe auch → Kommunikationsstil.

D

Delegation

Chinesen erscheinen zu Terminen meist nicht alleine, sondern als ganze Delegation. Deutsche Geschäftsleute sind häufig überrascht, wie viele chinesische Mitarbeiter den deutschen gegenübersitzen. Wichtig ist, dass man unter den Anwesenden zunächst die echten Entscheidungsträger identifiziert und sich so besser auf sie einstellen kann. Es nützt nichts, wenn man sich mit dem Übersetzer ausführlich befasst, den Geschäftsführer aber verärgert, weil man ihm kein Interesse geschenkt hat.

Siehe auch → Entscheidungsbefugnis.

Diplomatie
Siehe → Höflichkeit.

Direktheit
Siehe → Kommunikationsstil.

Diskussionen
Auch wenn Chinesen keine offene Streitkultur pflegen, diskutieren sie für ihr Leben gerne. Am Ende einer Diskussion darf es aber keinen Sieger geben, jeder muss irgendwie Recht behalten können. Schon gar nicht sollte man versuchen, den anderen mit Argumenten und Eloquenz zu übertrumpfen. Das könnte der Diskussionspartner als direkten persönlichen Angriff verstehen.
Siehe auch → Streitkultur, → Widerspruch.

Dolmetscher
In China sprechen zwar viele Manager Englisch, man sollte sich allerdings nicht darauf verlassen. Gerade die älteren Geschäftspartner (→ *Alter*), die die eigentliche Entscheidungsbefugnis haben, sprechen kaum Englisch. Ein Dolmetscher ist also unerlässlich. Man sollte ihn vorab selbst ausgesucht haben und zwar auf Basis von Referenzen. Wichtig ist, dass er nicht nur die Sprache beherrscht und sich in den Fachthemen gut auskennt, sondern auch, dass es sich um eine Persönlichkeit handelt, die sich gut auf die jeweilige Situation einstellen kann. Er sollte Verständnis für beide Kulturen haben und es verstehen zu vermitteln. Ob es sich um einen guten oder schlechten Dolmetscher handelt, kann für den Verhandlungsverlauf entscheidend sein. Manch einer wird sich vielleicht wundern, dass seine kurze Aussage in der Fremdsprache plötzlich zu einer langen und ausführlichen Erzählung wird; und das, was man lange und breit ausgeführt hat, schrumpft plötzlich zu einem kurzen Satz zusammen. Dann handelt es sich wahrscheinlich

um einen Dolmetscher mit viel kulturellem Wissen, der weiß, wie man das Gesagte für den anderen Kulturkreis richtig aufbereitet.
Letztendlich gilt: Am besten ist es, man hat immer seinen eigenen Übersetzer dabei, selbst wenn die Gegenseite bereits einen Dolmetscher stellen sollte. Nur bei einem Dolmetscher, den man selbst ausgesucht hat, weiß man, wie gut er ist, und man kann sicher sein, dass er immer im Sinne des Auftraggebers übersetzen wird. Als Auftraggeber sollte man sich bemühen, es dem Dolmetscher so einfach wie möglich zu machen. Wesentliche Punkte sollte man vorab mit ihm durchsprechen, während der Verhandlung klar formulieren und keine umgangssprachlichen Wendungen verwenden, die schwer übersetzbar sind. Wichtige Aspekte darf man ruhig mehrfach wiederholen, so weiß auch der Dolmetscher, worauf es ankommt und was eher unwichtig ist.
Siehe auch → Sprache, → Verhandlungssprache.

Duzen
In China gibt es die Anredeformen *ni* (你 nǐ) und *nin* (您 nín), die oft fälschlicherweise mit unserem *Du* und *Sie* gleichgesetzt werden. *Nin* ist tatsächlich eine höflichere und distanziertere Anrede – zum Beispiel kann man jemanden mit *nin hao* statt *ni hao* begrüßen, wenn man ihm besonderen Respekt entgegenbringen möchte (→ *Begrüßung*). Ob man *ni* oder *nin* verwendet, hat aber weniger damit zu tun, wie vertraut man miteinander ist, es spiegelt vielmehr das soziale Gefälle wider. Mit *nin* spricht man Leute an, die deutlich älter sind als man selbst oder die sozial über einem stehen. Den Brauch, jemandem das *ni* anzubieten, wenn man ihn besser kennengelernt hat, gibt es daher in China nicht. Somit ist *ni* zum Beispiel unter Arbeitskollegen weit verbreitet (ähnlich wie das Englische *you*). Das heißt aber nicht, dass man sich gleichzeitig mit dem Vornamen anspricht (→ *Anrede*). *Nin* verwendet zum Beispiel der Schüler gegenüber seinem Lehrer, der Angestellte gegenüber seinem Chef. Umgekehrt spricht der Lehrer seinen Schüler mit *ni* an,

ebenso der Chef seinen Angestellten. Wenn man seinem chinesischen Geschäftspartner gegenüber sehr höflich sein möchte, verwendet man *nin*, ansonsten genügt auch *ni*.

E

Ehrlichkeit

Ehrlichkeit ist eine typisch deutsche Tugend. Der Deutsche ist seiner Natur nach geradeheraus und spricht Dinge gerne direkt an. Chinesen denken darüber aber ganz anders, weshalb man ihnen hierzulande auch gerne nachsagt, hinterhältig und sogar verlogen zu sein. Wer das aber behauptet, kennt sich in der chinesischen Kultur schlichtweg nicht aus.

In China dreht sich alles darum, Gesicht und Harmonie zu wahren. Das bedeutet, dass Höflichkeit im Zweifelsfall wichtiger ist als Ehrlichkeit. Man möchte dem anderen niemals eine Bitte direkt abschlagen (→ *Nein sagen*), und wer einen anderen öffentlich kritisiert, nimmt ihm das Gesicht (→ *Kritik*). Chinesen machen ihren Standpunkt aber durchaus klar – wenn man weiß, die Zeichen richtig zu deuten.

Wenn Deutsche umgekehrt glauben, in China ungestraft lügen zu dürfen, wenn sie etwas nicht preisgeben möchten, sind sie da ganz schön auf dem Holzweg. Bevor man eine Unwahrheit sagt, zum Beispiel weil man unternehmensinterne Zahlen nicht verraten möchte, sollte man lieber ausweichend antworten oder das Thema wechseln. Sollten Chinesen erkennen, dass es sich um eine blanke Lüge handelt, werden sie das Vertrauen verlieren und sich anbahnende Geschäfte platzen lassen.

Siehe auch → Bitten, → Lügen.

Einkommen

In China reden Freunde über vieles, auch über das Einkommen. Wenn

man sich auf einen solchen Austausch einlässt, sollte man sich jedoch auf eine längere Diskussion vorbereiten. Die bloße Nennung eines deutschen Bruttogehalts ohne weitere Erklärung der Steuern, Abgaben und Lebenshaltungskosten würde die Völkerverständigung eher zurückwerfen als fördern. Wenn man sich aber die Mühe macht (und das Vertrauen schenkt), eine erweiterte Diskussion zu führen, kann man mit den chinesischen Freunden eine sehr aufschlussreiche Diskussion führen, die auch die Beziehung stärken kann.
Meist werden solche Gespräche unter Gleichen geführt. Wird man von Fremden oder Rangniederen zu diesem Thema angesprochen, ist Vorsicht angesagt – es weist darauf hin, dass der Fragende die Hierarchie nicht verstanden hat oder einen falsch einschätzt. Und wer auf die Frage eingeht, zeigt, dass er die Hierarchie ebenso wenig versteht. In beiden Fällen empfiehlt sich daher ein höfliches Ausweichen, wie zum Beispiel *Das lässt sich schwer vergleichen.*

Einladungen

Ernst gemeinte Einladungen sollte man immer annehmen. Aus Höflichkeit schlägt man sie zwar ein- bis zweimal aus. Der Einladende wird seine Einladung gleich wiederholen und insistieren. Spätestens beim dritten Mal sollte man aber annehmen (→ *Nein sagen*). Wichtig: Für eine Einladung sollte immer auch eine Gegeneinladung ausgesprochen werden (→ *Bezahlen*). Allerdings sind nicht alle Einladungen auch immer ernst gemeint. Häufig handelt es sich um eine Höflichkeitsfloskel, zum Beispiel wenn jemand sagt, man müsse unbedingt einmal zum Essen vorbeikommen. Die Etikette verlangt in diesem Fall ein umständliches verbales Hin und Her: *Aber machen Sie sich doch keine Umstände – Aber das sind doch keine Umstände – Das ist doch wirklich nicht nötig – Doch, doch, kommen Sie einmal zum Essen vorbei* ... usw. Erst wenn man konkretere Angaben wie Ort oder Uhrzeit genannt bekommt, weiß man, dass man wirklich willkommen ist und zusagen sollte.

E-Mails
Siehe → Briefe.

Emotionen
In China gilt: Niemals zeigen, was man wirklich denkt. Normalerweise zeigen Chinesen in der Öffentlichkeit selten Emotionen. Daher auch das von Westlern häufig gefürchtete undurchdringliche chinesische Lächeln. Gleichzeitig sind Chinesen äußerst emotionale Menschen und Emotionen spielen auch im Geschäftlichen eine bedeutende Rolle. Auch wenn die Gefühlsäußerungen subtiler ausfallen als bei Europäern: Mit etwas Einfühlungsvermögen erkennt man durchaus, ob das Gegenüber Ärger, Freude oder Überraschung empfindet. Wenn bestimmte Grenzen überschritten wurden, können aber auch Chinesen einmal ausrasten und losbrüllen – zur Überraschung der Europäer, die mit solchen heftigen Gefühlsausbrüchen meist nicht rechnen.
Siehe auch → Lächeln.

Empfänge
Offizielle Empfänge, zum Beispiel anlässlich einer Firmeneröffnung, fallen in China recht üppig aus. Auf die Ehrengäste wartet ein riesiges Empfangskomitee – mit Fähnchen und laut Beifall klatschend. Die wichtigsten Honoratioren der Stadt werden auch anwesend sein. Gerne bauen Chinesen ein imposantes Bild auf, um den ausländischen Gast bei seinem Besuch zu blenden. Man sollte sich davon nicht zu sehr einwickeln lassen, denn so kunstvoll Chinesen es verstehen zu beeindrucken, soll schnell fällt die Fassade wieder um. Der Aufwand, der beim Empfang betrieben wird, sagt noch lange nichts über Motivation, Organisationstalent oder Arbeitseinstellung der Chinesen aus.

Entscheidungsbefugnis
In chinesischen Unternehmen haben nur Höhergestellte die Entschei-

dungsbefugnis. Diese Denkweise übertragen sie dann auch auf den deutschen Geschäftspartner: Nur mit Hochgestellten wird ernsthaft verhandelt, weil man es nicht kennt, dass auch in der Hierarchie nicht ganz so weit oben Angesiedelte Verantwortung übernehmen und eigenständig entscheiden dürfen. Daher ist es wichtig, nur Mitarbeiter mit Rang und Namen nach China zu entsenden und niemals nur eine *B-Mannschaft* – oder zumindest der chinesischen Seite zu vermitteln, dass es Mitarbeiter von Rang und Namen sind. Visitenkarten, Kleidung, unter Umständen auch die Wahl des Hotels sollten diesen Eindruck unterstützen. Zu Verhandlungen erscheinen Chinesen meist in einem größeren Team. Den Teammitgliedern werden zuvor verschiedene Rollen zugeteilt, und eine Person übernimmt die Sprecherfunktion. Man sollte aber nicht dem Trugschluss verfallen, dass die Person, die bei den Verhandlungen am meisten spricht, auch die Entscheidungsbefugnis hat. Die Ranghöchsten halten sich oft im Hintergrund und schalten sich nur dann in die Gespräche ein, wenn etwas schiefzulaufen droht. Manchmal sind sie auch gar nicht anwesend.
Siehe auch → Delegation, → Entscheidungsbefugnis, → Hotel, → Kleidung, → Understatement, → Visitenkarte.

Entschuldigungen

Chinesen entschuldigen sich nie – das wird gerne behauptet, ist aber ein Trugschluss. Hier kommt es – wie immer – auf den Kontext und auf die Größe des Verschuldens an.
Bei kleinen Ungeschicklichkeiten oder Versäumnissen entschuldigt man sich kurz mit einem einfachen *Entschuldigung* (对不起 duìbuqǐ) oder *Ist mir unangenehm* (不好意思 bù hǎo yìsi). Chinesen entschuldigen sich manchmal auch zu eher ungewöhnlichen Anlässen – Gastgeber entschuldigen sich zum Beispiel häufig für das bescheidene Essen, das sie auftischen. In diesem Fall handelt es sich natürlich um keine ernst zu nehmende Entschuldigung, sondern um einen Ausdruck von Beschei-

denheit (die gleichzeitig erkannt werden möchte) (→ *Bescheidenheit*). In China gilt: Sich zu entschuldigen zeugt von Bildung, und wer sich entschuldigt, erhält Respekt.
Hat man tatsächlich jemandem Unrecht getan und ihm durch sein Verhalten geschadet, sollte man sich auch dafür entschuldigen. Besser ist es aber, statt Worten nun Taten folgen zu lassen. Entweder versucht man, das Problem aus der Welt zu schaffen oder man erweist dem anderen einen Gefallen. Manchmal hilft auch ein kleines Geschenk oder eine Einladung zum Essen. Etwas schwierig wird es aber, wenn die Entschuldigung mit einem Schuldeingeständnis verbunden wäre, zum Beispiel bei Lieferschwierigkeiten. Dann werden sich Chinesen eher nicht (verbal) entschuldigen, sondern möglichst schnell nach einer Lösung für das Problem suchen. Auch für die deutsche Seite gilt: Sollte man selbst einen Fehler gemacht haben, sollte man auf Entschuldigungen, die Regressansprüche nach sich ziehen könnten, lieber verzichten.
Siehe auch → Bescheidenheit, → Fehler, → Kritik, → Streitkultur.

Erfahrung
Siehe → Alter.

Erkältung
Wie hierzulande dreht man sich auch in China weg und hält sich die Hand vor den Mund, wenn man niesen muss. Zum Schnäuzen sollte man dann allerdings den Raum verlassen und das diskret auf der Toilette erledigen. Das Taschentuch wird umgehend entsorgt und keinesfalls in die Tasche gesteckt. Viele Chinesen tragen einen Mundschutz, wenn sie erkältet sind, um andere nicht anzustecken.
Siehe auch → Taschentuch.

Essen, Allgemeines
Dass gemeinsames Essen eine soziale Funktion hat, gilt ganz beson-

Beim Essen wird auf das Gleichgewicht zwischen Yin und Yang geachtet

ders in China. Auch Geschäftsessen haben ein großes Ziel: Harmonie zwischen den gemeinsam Essenden herzustellen. Harmonie muss dann auch die Essensauswahl ausdrücken – *Yin* (阴 yīn) und *Yang* (阳 yáng) müssen im Gleichgewicht sein. Oder anders formuliert: Kalte und warme Speisen müssen sich abwechseln. *Kalt* (Yin) und *warm* (Yang) hat dabei nichts mit der Serviertemperatur zu tun. Vielmehr handelt es sich um die Eigenschaften, die dem Lebensmittel selbst innewohnen. Und weil, so glauben die Chinesen, nur derjenige gesund sein kann, dessen Körper sich im Gleichgewicht befindet, ist auch in diesem Sinne auf eine ausgewogene Ernährung zu achten. Als *Yang* gelten zum Beispiel Eierspeisen und Fleischgerichte. Grüner Tee oder Gemüse gelten als *Yin*. Das chinesische Essen ist so abwechslungsreich, dass für jeden etwas dabei sein wird. Auch optisch hat das Essen in China einiges zu bieten, manche Essenskreationen kommen wie ein Gemälde daher, etwa wie ein Vogel, der mit den Flügeln schlägt. Von den zum Teil sehr phantasievollen Namen der Gerichte sollte man sich nicht abschrecken lassen. Wenn zum Beispiel *Ameisen am Baum* (蚂蚁上树 mǎyǐshàngshù) serviert werden, sollte man das nicht wörtlich nehmen – es handelt sich dabei lediglich um ein Gericht aus Hackfleisch, Tofu und Glasnudeln. Zu besonderen Anlässen wird meist die knusprige Haut der weltberühmten Pekingente serviert, auch Seegurke oder Hühnerbeine wurden von erschrockenen deutschen Geschäftsleuten schon des Öfteren auf ihren Tellern gesichtet. Nur noch selten werden Europäern exotische Gerichte wie Hund oder Katze vorgesetzt. Dann probiert man aus Höflichkeit ein wenig, aufessen soll man ja ohnehin nicht. Falls man

etwas aber auf keinen Fall essen möchte, kann man dies auch einfach sagen. Dann verweist man – natürlich höflich – auf Allergien oder kulturelle Essgewohnheiten.
Siehe auch → Anstandsreste, → Speisenfolge.

Essensauswahl
Ist man zum Essen eingeladen, wird der Gastgeber die Essensauswahl im Restaurant übernehmen, wobei er natürlich auf die Vorlieben und Wünsche seiner Gäste eingehen wird. Ist man Vegetarier oder darf man bestimmte Dinge, zum Beispiel aufgrund von Allergien, nicht essen, sollte man das im Vorfeld erwähnen. Am höflichsten ist es natürlich, wenn eine dritte Person den Gastgeber entsprechend informiert. Niemals sagt man aber, dass man etwas nicht essen möchte, weil es einem nicht schmeckt oder man schon bei der Vorstellung Ekel empfindet. Tellergerichte für Einzelne sind in China nicht üblich, deshalb bestellt man sich sein Essen auch nicht selbst, sondern es werden verschiedene Gerichte bestellt, von denen sich jeder nehmen darf. Bestellt werden immer mehr Gerichte als Gäste anwesend sind, aber natürlich darf es sich bei der Anzahl der Gerichte nicht um eine Unglückszahl handeln (→ *Zahlensymbolik*). Man wird wahrscheinlich immer wieder dazu aufgefordert, etwas zu kosten. Dann probiert man zumindest ein wenig. Wird man danach gefragt, wie man es fand, und fand man es widerlich, sagt man, dass es interessant war. Wenn es nicht geschmeckt hat, sollte man auch nicht in den höchsten Tönen loben, sonst wird gleich wieder nachgelegt.

Essensreste
Siehe → Anstandsreste.

Essenssymbolik
Essen ist für Chinesen Vergnügen und Medizin (→ *Essen, Allgemeines*),

viele Nahrungsmittel haben aber darüber hinaus noch eine symbolische Bedeutung. Manchmal möchte der Gastgeber seinem Gast mit dem, was auf dem Teller (oder in der Essschale) liegt, etwas sagen. Dieser Brauch verliert sich allerdings mit der jüngeren Generation, ist aber bei älteren Leuten noch sehr verbreitet.
So stehen lange Nudeln für ein langes Leben, ebenso Pilze und Pfirsiche. Fisch (鱼 yú) steht für Reichtum und Überfluss (余 yú), da diese beiden Wörter auf Chinesisch gleich klingen. Viele chinesische Familien bereiten am Abend vor dem Neujahrsfest einen besonderen Fisch zu, der jedoch nicht gegessen wird, um ein neues Jahr in Wohlstand zu begrüßen. Fisch sollte man zudem immer im Ganzen servieren, das symbolisiert Einheit. Der Person, auf die der Fischkopf beim Servieren zeigt, wünscht man Glück. Wer seinen Fisch auf dem Teller umdreht, könnte (vor allem wenn er das in Küstenregionen tut) demnächst Opfer eines Schiffsunglücks werden. Andererseits können Fische, weil sie beim Laichen so viele Eier legen, auch für Fruchtbarkeit stehen. Besonders Karpfen symbolisieren Hartnäckigkeit und Ausdauer: Sie schaffen es, auch starke Stromschnellen zu überwinden. Ist ein chinesischer Verhandlungspartner zu dem Schluss gekommen, dass sich weitere Verhandlungen erübrigen und er auf eine Zusammenarbeit verzichten möchte, kann es sein, dass er beim Geschäftsessen die landestypischen Gerichte nicht servieren wird. Ist man zum Beispiel in Peking und fehlt auf dem Tisch die berühmte Pekingente, sollte man sich seine Gedanken dazu machen. Gleiches gilt, wenn der Gastgeber die Teeschale seines Gastes nimmt und die Teereste ausschüttet. Das kommt einem Rausschmiss gleich. In Taiwan sollen Mitarbeiter bisweilen ihre Kündigung beim Essen bekommen haben. Statt einem Kündigungsschreiben wird ein Huhn serviert, dessen Kopf auf den zu entlassenden Mitarbeiter zeigt.
Siehe auch → Andeutungen.

Essenszeiten
Das Essen ist den Chinesen heilig. Deshalb sollte man nichts unternehmen, das sie von der Nahrungsaufnahme abhalten oder den Essensbeginn verzögern könnte. Zu Essenseinladungen sollte man daher immer pünktlich erscheinen und niemals Besprechungen in die Essenszeiten hinausziehen (es sei denn, es ist ohnehin ein gemeinsames Essen geplant). Andererseits kann man die Vorliebe der Chinesen für das Essen auch zu seinem Vorteil nutzen und zum Beispiel gerade bei kniffligen Verhandlungen einfach bis in die Mittagspause hinein verhandeln – gegebenenfalls lassen sich hungrige Chinesen zu Zugeständnissen verleiten, die sie bei vollem Magen nicht gemacht hätten ...
Während der Essenszeiten sollte man außerdem auf Privatbesuche verzichten.
In China isst man verhältnismäßig früh. Gefrühstückt wird meist gegen 7 Uhr, Mittagessen gibt es gegen 11.30 Uhr oder 12 Uhr, und für die Mittagspause lässt man sich mindestens eine Stunde Zeit. Das Abendessen wird spätestens zwischen 18 Uhr und 19 Uhr eingenommen und ist die wichtigste der drei Hauptmahlzeiten.
Siehe auch → Bürozeiten, → Nickerchen.

Essstäbchen
Siehe → Besteck, Umgang mit.

F

Farbensymbolik
Die beliebteste Farbe in China ist Rot. Bei wichtigen Anlässen tragen Chinesen rote Kleidung (zum Beispiel bei Hochzeiten oder Geburtstagen). Das gilt allerdings nur für die Hauptakteure wie Braut, Bräutigam oder Geburtstagskind. Im Geschäftsleben hingegen sind, wie in Europa

auch, eher dezente Farben angesagt (→ *Kleidung*). Geldgeschenke werden in roten Umschlägen überreicht, Geschenke in rotes Geschenkpapier eingepackt (→ *Geschenke*). Rot ist also positiv belegt und gilt in China als Glücksfarbe. Tabu ist es allerdings, mit roter Tinte zu unterschreiben oder den Namen einer anderen Person in Rot zu schreiben. Denn früher wurden die Namen Verstorbener in roter Farbe auf die Grabmäler geschnitzt, und Todesanzeigen werden noch heute in Rot verfasst. Die Farbe Gelb war lange Zeit dem chinesischen Kaiser vorbehalten. Da Gelb Gold ähnelt, steht die Farbe auch für Reichtum.

Grünblau ist dagegen eine beruhigende Farbe und symbolisiert Wachstum, Ruhe und Harmonie.

Weiß ist die Farbe der Trauer. Auf Beerdigungen tragen die Leute weiße Kleidung, und eine weiße Taube ist kein Friedens-, sondern ein Todesbote. Inzwischen sind jedoch besonders die Küstenstädte dem Westen so weit angepasst, dass Weiß zum Beispiel auf Hochzeiten sehr präsent ist – vor allem (aber nicht nur) für die Braut. Umgekehrt ist Schwarz in China keine Trauerfarbe, sondern steht für Macht und Erfolg.

Auch im Geschäftsleben sollte man sich der Bedeutung der Farben bewusst sein und sie gezielt einsetzen, zum Beispiel bei der Wahl der Kleidung, der Wahl der Farben in Präsentationsunterlagen, bei Geschenken oder der Gestaltung seiner Visitenkarten.

Siehe auch → Essensymbolik, → Geschenke, → Kleidung, → Symbolik, → Visitenkarte.

Fehler

Einen Fehler zuzugeben, ist für Chinesen eine Schande. Daher werden sie sich auch nie öffentlich entschuldigen, wenn sie damit ihre Schuld eingestehen würden. Niemals sollte man deshalb jemanden zu solch einem Eingeständnis drängen und oder offen auf Fehler hinweisen. Man wird damit ohnehin nichts erreichen.

Ausländern verzeihen Chinesen natürlich viele Fehler, allerdings nur,

wenn sie aus Unwissenheit entstehen. Man sollte dagegen vermeiden, denselben Fehler zweimal zu begehen. Wer also schon einmal darüber aufgeklärt wurde, dass man sich bei Tisch nicht die Nase schnäuzt, sollte das beim nächsten Mal auch berücksichtigen.
Siehe auch → Entschuldigungen, → Kritik, → Streitkultur.

Feiertage
In China gibt es drei wichtige Feiertage, zu denen meist das ganze Land Urlaub hat und auf Achse ist. Daher ist es besser, diesen Feiertagen bei Geschäftsreisen terminlich auszuweichen. Zu diesen Feiertagen zählen der 1. Mai (Tag der Arbeit), der 1. Oktober (Nationalfeiertag) und das chinesische Neujahrsfest (im Januar oder Februar), das sich nach dem Mondkalender richtet.

Festessen
Siehe → Bankett.

Fingerzeichen
Siehe → Gesten.

Firmenname, Übersetzung ins Chinesische
In China noch unbekannte Unternehmen sollten sich überlegen, wie sie ihren Firmennamen ins Chinesische, vor allem in chinesische Schriftzeichen, übersetzen wollen. Dazu sollte man unbedingt einen Muttersprachler befragen, damit man nicht versehentlich Schriftzeichen wählt, die eine negative (oder wenig seriöse) Bedeutung haben und den Markteintritt in China verhindern oder das Verhandeln mit chinesischen Firmen erschweren könnten.
Chinesische Kunden lieben Firmen- und Produktnamen, die an Wohlstand und Langlebigkeit erinnern. Mit abstrakten Bezeichnungen können sie nichts anfangen. Die chinesischen Bezeichnungen sollten dabei

dem Originalnamen lautlich zumindest ähneln. Ein paar Beispiele: Die amerikanische Firma Coca-Cola hat ihr weltberühmtes Getränk folgendermaßen übersetzen lassen: *Schmeckt gut und macht glücklich* (可口可乐 kěkǒu kělè). Siemens wurde zum *Tor zum Westen* (西门子 xī ménzi).
Auch chinesische Unternehmer wählen Firmennamen mit Bedacht aus. Wer es sich leisten kann, lässt die Zeichen von berühmten Kalligrafen schreiben.

Fotos
Deutsche fotografieren gerne Landschaften und Sehenswürdigkeiten in Postkartenqualität, also mit möglichst wenigen Menschen im Vordergrund (was in China teilweise wirklich schwierig ist). Chinesen dagegen ist es wichtig, dass sie selbst mit auf dem Foto zu sehen sind. Fotos gelten als Beweis dafür, dass man tatsächlich da war. Auch Gruppenfotos mit Geschäftspartnern sind sehr beliebt und Teil der Beziehungspflege. Dem Aufbau einer persönlichen Beziehung ist es auch zuträglich, Privatfotos von zuhause mitzubringen. Chinesen sehen sie sich sehr gerne an und können sich so ein besseres Bild von dem Fremden machen.
Gruppenfotos mit Geschäftspartnern sind Chinesen besonders wichtig. Dabei stehen die wichtigsten bzw. ranghöchsten Personen in der Mitte des Bildes, rechts und links von ihnen die Teams in hierarchisch absteigender Reihenfolge – ähnlich der Sitzordnung bei Tisch.
Siehe auch → Beziehungspflege, → Sitzordnung bei Tisch.

Frauen
Nach konfuzianischer Lehre ist die Frau dem Mann untergeordnet. Daher kann es bei älteren Geschäftspartnern vorkommen, dass sie Frauen nicht als gleichwertige Verhandlungspartner akzeptieren möchten (selbst wenn sie das niemals offen zeigen würden). Andererseits gibt es heute in China eine Vielzahl an angesehenen Geschäftsfrauen. Der An-

teil an Frauen in Führungspositionen ist in China wesentlich höher als in Deutschland.
Siehe auch → Quotenfrau.

Freundschaft
Siehe → Guanxi.

Frisur
Für die Frisur gilt Ähnliches wie für Kleidung oder Körperschmuck: Sie sollte lieber etwas konservativer sein. Männer sollten ihre Haare eher nicht lang tragen, obwohl das in chinesischen Künstlerkreisen inzwischen durchaus üblich ist.
Siehe auch → Kleidung, → Piercing, → Tätowierung.

G

Gähnen
Wohlerzogene Menschen zeigen anderen nie das Innere ihres Mundes. Daher sollte man auch in China beim Gähnen die Hand vor den Mund nehmen.
Siehe auch → Erkältung, → Lachen.

Garderobe
Siehe → Kleidung.

Gastgeschenke
Siehe → Geschenke.

Geduld
Siehe → Zeitmanagement.

Geld

Während in Deutschland die Devise gilt: *Über Geld spricht man nicht,* ist Geld in China ein äußerst beliebtes Gesprächsthema. Man unterhält sich über Gehälter und zeigt auch gerne, wie viel man hat. Autos sind Prestigeobjekte und sollten auch entsprechend aussehen – möglichst lang und breit. Markenprodukte sind ebenfalls wichtig für das eigene Image. In China heißt es: *Geld gibt Gesicht und Macht.*

Siehe auch → Smalltalk.

Gemeinsames Gehen

Geht man zusammen mit anderen Leuten in einer offiziellen Gruppe, gelten auch hier – wie beim Sitzen oder Gruppenfoto – bestimmte Regeln. Die Ranghöchsten bzw. die ranghöchsten Gäste gehen vorne in der ersten Reihe. Gehen mehrere Personen nebeneinander, wird die wichtigste Person in die Mitte genommen, die zweitwichtigste geht rechts von ihr. Der Mann geht traditionell links von der Frau.

Siehe auch → Fotos, → Sitzordnung bei Tisch, → Sitzordnung im Auto.

Geschäftsessen

Siehe → Arbeitsessen, → Essen, Allgemeines.

Geschenke

Geschenke sind prinzipiell wichtig für die Geschäftsanbahnung und sie dienen in China vor allem der Beziehungspflege. Wer beispielsweise zum Essen eingeladen wird, revanchiert sich mit einer Gegeneinladung – oder einem Geschenk. Ebenso muss einem Geschenk ein Gegengeschenk folgen. Das Komplizierte daran ist, dass das Geschenk weder zu teuer sein darf (der andere muss ja die Möglichkeit haben, sich angemessen revanchieren zu können) noch zu billig (das wäre ein Zeichen mangelnder Wertschätzung). Außerdem ist auch beim Schenken auf die Symbolik von Zahlen oder Farben zu achten (→ *Farbensym-*

bolik, → *Zahlensymbolik*). Bei Geschenken an Geschäftspartner sollte man die Geschenke nicht an Einzelpersonen, sondern an die Gemeinschaft richten. Wie bei Einladungen (→ *Einladungen*) gilt auch bei Geschenken: Der Beschenkte muss das Geschenk aus Höflichkeit erst zwei- bis dreimal ablehnen, bevor er es annimmt. Er wird das Geschenk auch nicht vor allen Anwesenden auspacken, sondern sich höflich bedanken um es erst einmal beiseitelegen. Zum einen möchte er nicht neugierig wirken, zum anderen wäre es dem Beschenkten auch unangenehm, sich für ein Geschenk bedanken zu müssen, das ihm vielleicht gar nicht gefällt. Natürlich kann es vorkommen, dass der Gastgeber die westliche Sitte kennt, nach der man Geschenke sofort auspackt, und seinem Gast gegenüber höflich sein möchte und es gleich an Ort und Stelle auspackt.

Eine rote Verpackung macht das Geschenk perfekt

Einige Chinesen legen auch sehr viel Wert auf die richtige Verpackung. Sie sollte möglichst aufwändig sein, rotes Geschenkpapier wird bevorzugt. Nicht gut kommt dagegen schwarzes, blaues oder weißes Geschenkpapier an (→ *Farbensymbolik*).

Bestimmte Dinge sollte man – wegen ihrer negativen symbolischen Bedeutung – prinzipiell nicht schenken. Zum Beispiel Uhren: Uhren zu schenken, ist in China sehr unhöflich. Der Beschenkte wird dadurch an seine begrenzte Lebenszeit erinnert. Außerdem klingt der chinesische Ausdruck für *eine Uhr schenken* (送钟 sòngzhōng) ähnlich wie *das letzte Geleit geben* (送终 sòngzhōng). Einen *Schirm* (伞 sǎn) sollte man nicht schenken, weil das Wort im Chinesischen ähnlich klingt wie *Trennung* (散 sàn

oder 离 lí), Gleiches gilt für *Birnen* (梨 lí). Messer, Scheren und andere scharfe Gegenstände symbolisieren ebenfalls Trennung – keine gute Idee, wenn man längerfristige geschäftliche Beziehungen plant. *Buch* (书 shū) hört sich wiederum ähnlich an wie *Verlieren* (输 shū). Blumen sind ebenfalls kein gutes Geschenk, denn Blumengestecke werden in China vor allem für Begräbnisse gekauft. Speziell weiße Schnittblumen kommen nur bei Todesfällen zum Einsatz. Taschentücher werden ebenfalls mit dem Tod in Verbindung gebracht, wie weiße Objekte im Allgemeinen.
Doch welche Geschenke sind bei chinesischen Geschäftspartnern beliebt? Ein Geschenk sollte immer eine persönliche Komponente haben, also zum Beispiel etwas mit dem Land oder der Region zu tun haben, aus der man kommt. Bildbände aus der Heimat kommen (trotz des Gleichklangs von *Buch* und *Verlieren*) gut an, ebenso Schokolade oder diverse Spirituosen. Dabei kann zum Beispiel eine einfache Milka-Schokolade persönlicher wirken als eine von Lindt, wenn man klarmacht, dass es sich um ein heimisches Produkt handelt (für Schweizer ist selbstverständlich das Umgekehrte der Fall). Bei den Spirituosen sollte man allerdings wieder Vorsicht walten lassen – so gewöhnungsbedürftig der chinesische Schnaps für europäische Gaumen und Mägen ist, so heftig reagieren Chinesen auf deutsche Schnäpse.
Gerne nimmt man vor allem *Geschenkpaare* entgegen, zum Beispiel Salz- und Pfefferstreuer, das bringt angeblich Glück. Ganz schlecht sind dagegen Dinge in Vierersets – wegen der negativen Bedeutung der Zahl 4 (四 sì), die ähnlich wie das Wort für *sterben* (死 sǐ) klingt (→ *Zahlensymbolik*). Wer dagegen Becher verschenkt, wünscht dem anderen ein langes Leben, auch hier ist der Gleichklang der Wörter für *Becher* (杯 bēi) und *Leben* (辈 bèi) Grundlage für diesen Brauch.
Bei Geschenken sollte man außerdem immer genau darauf achten, dass sie nicht zufällig *Made in China* sind. Soll ein Geschenk edel wirken, sollte man sich erkundigen, welche Marken in China bekannt sind. Eine

in Deutschland noch so angesehene Marke werden Chinesen nicht zu schätzen wissen, wenn sie ihnen nicht bekannt ist, selbst wenn der Gegenstand teurer sein sollte als das international bekannte Pendant. So wird ein Kugelschreiber von Faber-Castell wahrscheinlich weniger Begeisterung auslösen als einer der Marke Montblanc.
Geldgeschenke macht man sich im beruflichen Umfeld allerdings nie. Es sei denn, es soll sich um einen echten Korruptionsversuch handeln ...
Siehe auch → Symbolik, → Zahlensymbolik.

Gesicht
Um jeden Preis sein Gesicht (面子 miànzi) zu wahren, gehört zu den wichtigsten Dingen im chinesischen Gesellschaftsleben. Das Gesicht hat nichts mit einer Art verinnerlichter Autorität zu tun, sondern hängt ausschließlich vom Blick der anderen auf einen selbst ab. Es ist – neben den sogenannten *Guanxi* (→ *Guanxi*) wahrscheinlich das wichtigste Konzept, das es innerhalb der chinesischen Gesellschaft für ein gelungenes Miteinander zu beachten gilt, und kann am ehesten mit *Ruf* oder *Ansehen* übersetzt werden.
Von klein auf werden Chinesen ermahnt, sich nicht nur um ihr eigenes *Gesicht* zu kümmern, sondern auch das anderer möglichst intakt zu halten. So kann man anderen ihr Gesicht *lassen* (indem man Fehler zum Beispiel ignoriert), man kann es ihnen *geben* (zum Beispiel durch besonderes Lob) oder auch *nehmen* (etwa durch öffentlichen Tadel).
Nichts ist für Chinesen schlimmer, als das Gesicht zu *verlieren*. Nicht nur, dass damit der eigene Ruf beschädigt wird; da man sich in China weniger als Individuum, sondern vielmehr als Teil einer Gemeinschaft fühlt, verliert mit dem Einzelnen sogar seine gesamte Umgebung ihr Gesicht. Dadurch gefährdet man die gesellschaftliche Harmonie und es droht Chaos.
Aus diesem Grund sind auch kleine Notlügen erlaubt, wenn sie dazu dienen, das Gleichgewicht zu erhalten. Höflichkeit ist wichtiger als Ehr-

lichkeit, möchte man nicht das soziale Chaos herbeiführen. Man schlägt eine Bitte niemals einfach ab und äußert niemals direkte Kritik. In größeren Runden wie Meetings oder Ähnlichem gilt – aus Angst vor einer öffentlichen Blamage – für die meisten Mitarbeiter: Bevor man etwas Falsches sagt, sagt man lieber nichts.
Siehe auch → Understatement.

Gesten

Chinesisch ist an sich schon eine schwierige Sprache, weshalb sich bisher nur wenige die Mühe machen, sie zu lernen. Wer sich bei einer Chinareise aber auf die Zeichensprache verlassen möchte, rennt gleich in die nächste Kommunikationsfalle, denn selbst Fingerzeichen haben dort nicht immer die gleiche Bedeutung. Das fängt bereits bei den Fingerzeichen für Zahlen an: Vor allem bei der 8 ist Vorsicht geboten –

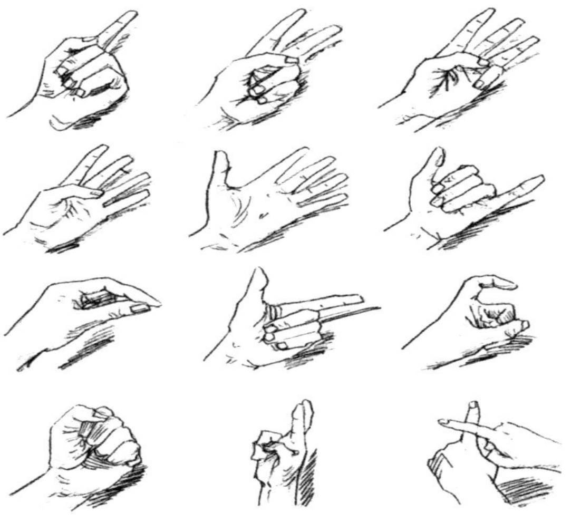

Die Fingerzeichen von 1 bis 10 mit drei Varianten für 10

die könnte man nach unserem Fingerzeichensystem auch als 2 deuten. Umgekehrt könnte man, streckt man die falschen Finger für die 2 aus, einmal versehentlich 8 statt 2 Bier bestellen.

Tippt sich jemand auf die Nase, spricht er gerade von sich selbst. Wie in Deutschland ist es grob unhöflich, mit dem Zeigefinger auf jemanden zu zeigen. Möchte man auf jemanden deuten, benutzt man dafür die nach oben hin geöffnete Handfläche; möchte man jemanden herbeiwinken, tut man das mit nach unten gedrehter Handfläche.

Wenn Chinesen Mittel- und Zeigefinger spreizen, stellen sie sich vermutlich gerade für ein Foto in Pose. Strecken sie dagegen den kleinen Finger in die Höhe, darf man sich persönlich beleidigt fühlen – damit wird nämlich absolute Geringschätzung ausgedrückt. Ein hochgestreckter Daumen wird aber auch in China als Geste der Zustimmung und Freude erkannt. Auch das Zeigen des Mittelfingers ist ein Zeichen, das rund um den Globus – und somit auch in China – verstanden wird.

Tippt sich ein Chinese dagegen an die Stirn, sollte man das nicht als Beleidigung auffassen. Damit möchte er – ganz im Gegenteil – sagen, dass er selbst sozusagen eine *lange Leitung hatte* und ihm gerade ein *Licht aufgegangen* ist. Tippt er aber einem anderen an den Kopf, möchte er zeigen, wie hohl dessen Rübe doch ist. Und wenn er sich mit dem Zeigefinger die Wange kratzt, ist das ebenfalls als Rüge zu verstehen: Der andere solle sich schämen.

Wer sich bei seinem Gastgeber für das Nachschenken bedanken möchte, tippt mit zwei Fingern dreimal auf den Tisch.

Allgemein werden Handgesten in China wesentlich spärlicher eingesetzt als in Deutschland, wo man es gewohnt ist, bei Präsentationen oder Gesprächen das Gesagte durch entsprechendes Gestikulieren zu verdeutlichen und zu untermauern. Gesten, die man prinzipiell unterlassen sollte, sind: die Arme vor der Brust verschränken, die Hände in die Hosentasche stecken, auf den Tisch hauen oder die Hände in die Hüften stemmen. Die Hände liegen, wenn man am Tisch sitzt, entweder im Schoß oder ruhig auf dem Tisch. Gesten, die zumindest ältere Chinesen wahrscheinlich nicht zu deuten wissen, sind: die Daumen drücken, mit den Schultern zucken.

Gesundheit
Siehe → Krankheit und Tod.

Getränke
Das chinesische Nationalgetränk ist natürlich der Tee. Ihn bekommt man immer und überall, und beim Essen wird einem ständig Tee ins Teeschälchen nachgefüllt (das man nicht austrinken muss, wenn man nicht will). Auch Kaffee gibt es inzwischen, er ist aber noch nicht so weit verbreitet. Als Besucher in einem chinesischen Unternehmen bekommt man meist eine kleine Flasche Wasser oder Softdrinks gereicht. Das Leitungswasser sollte man nie trinken, es ist – auch in sehr guten Hotels – nicht als Trinkwasser geeignet. Übrigens gilt Suppe in China als Getränk: Man isst sie nicht, sondern man trinkt sie. Rotwein ist in China meist noch sehr teuer (und daher ein geeignetes Gastgeschenk), nicht in allen chinesischen Restaurants wird er angeboten. Die Marke *Große Mauer* dürfte die bekannteste sein.

Guanxi
Das Wort *Guanxi* (关系 guānxi) lässt sich nur unzulänglich ins Deutsche übersetzen. Begriffe wie *Beziehungen* oder *Netzwerk* kommen dem Konzept vielleicht am nächsten. Vielleicht würde man hierzulande von *Vetternwirtschaft* oder gar *Korruption* sprechen. In China aber haben *Guanxi* nichts Negatives an sich, sie tragen vielmehr zu einer stabilen und geordneten Gesellschaft bei. Das Konzept der *Guanxi* geht auf das konfuzianische Gesellschaftsmodell zurück, in dem die Familie als Vorbild für die gesamte Gesellschaft dient. In der idealen Gesellschaft, wie sie sich einst Konfuzius vorstellte, sind die Beziehungen zwischen den Men-

schen streng geregelt. Nicht nur Pflicht und Gehorsam, sondern auch Anspruch auf Unterstützung sind in diesem Modell vorgesehen. Werden alle diese Regeln eingehalten, entsteht Harmonie, ansonsten droht Chaos (→ *Chaos*). Was zählt, ist also die Gruppe, die immer im Gleichgewicht bleiben muss. Das Konzept der *Guanxi* erklärt auch, weshalb der persönliche Kontakt zum Geschäftspartner so wichtig ist. Denn *Guanxi* bezeichnet eine Beziehung zwischen Individuen, nicht zwischen Institutionen. Möchten Unternehmen *Guanxi* aufbauen, sollten sie das mittels einer Kontaktperson tun. Und auch persönliche Fragen nach Familie oder Gehalt sind nicht aufdringlich gemeint, sondern signalisieren persönliches Interesse und Vertrauen – beides Grundlagen für den geschäftlichen Erfolg. Natürlich sollte man dabei nicht vergessen, dass es sich bei den *Guanxi* um eine Beziehung handelt, aus der jeder seinen Nutzen ziehen kann (und soll). Eine Leistung erwartet immer eine Gegenleistung (→ *Bezahlen*, → *Geschenke*), wobei die Leistung oder Gegenleistung auch jemandem zugutekommen kann, der im dichten Beziehungsgeflecht der *Guanxi* zwar mit einem verbunden, aber sehr weit entfernt ist. So kann es durchaus vorkommen, dass man von seinem chinesischen Geschäftspartner um einen persönlichen Gefallen gebeten wird (zum Beispiel der Nichte einen Studienplatz in Deutschland zu verschaffen). Das ist nicht unverschämt, sondern sogar ein gutes Zeichen und könnte der Auftakt für eine erfolgreiche Zusammenarbeit sein.

H

Handschlag
Siehe → Begrüßung.

Handy
Siehe → Telefonieren.

Handzeichen
Siehe → Gesten.

Hartnäckigkeit
Durch Hartnäckigkeit erreichen chinesische Verhandlungspartner oft ihr Ziel. Dabei kommt es häufig vor, dass ein Anliegen oder eine Bitte oder Forderung nicht auf einmal, sondern in vielen kleinen Schritten formuliert wird. So bringt man den anderen nicht in die unangenehme Lage, die Bitte rundherum ablehnen zu müssen. Steht die Bitte aber einmal im Raum, wird sie immer und immer wieder vorgetragen.
Westliche Geschäftsleute reagieren bei dieser Vorgehensweise meist genervt. Glaubt man zum Beispiel, verständlich gemacht zu haben, dass die angebotenen Produkte einfach prinzipiell nicht in Frage kommen, kann es trotzdem vorkommen, dass die chinesische Seite immer weiter verhandelt und einfach Preisnachlässe anbietet. Auch wenn man das Gefühl hat, keine Ruhe mehr zu bekommen, wenn man nicht nachgibt, sollte man sich nicht aus Ungeduld zu Zugeständnissen drängen lassen. Man kann die Verhandlung zum Beispiel vertagen – an einen besonders unattraktiven oder weit entfernten Ort, an den der chinesische Geschäftspartner nur ungern reisen wird. Mit etwas Glück, wird er sich gar nicht erst die Mühe machen, sich dorthin zu begeben.
Siehe auch → Taktik.

Hierarchie
Siehe → Entscheidungsbefugnis.

Highheels
Siehe → Schuhe.

Höflichkeit
Die berühmte chinesische Höflichkeit wirkt auf Deutsche häufig künst-

lich und unecht. In der chinesischen Gesellschaft hat sie jedoch traditionell eine ordnende Funktion. Höflich ist man in China aber vor allem zu jenen, die dem eigenen internen Kreis angehören. Fremde werden gar nicht wahrgenommen – grüßt man zum Beispiel einen unbekannten Chinesen auf der Straße, wird dieser kaum zurückgrüßen. Schon durch kleine Gesten, Worte und Gefälligkeiten kann man aber erreichen, in diesen internen Kreis aufgenommen zu werden.

Hotel

Dass selbst die Auswahl des Hotels, in dem man absteigt, mitentscheidend ist für den Eindruck, den man beim chinesischen Geschäftspartner hinterlässt, wird häufig unterschätzt. Welches Hotel das richtige und standesgemäße ist, hängt ganz vom Einzelfall ab und davon, was man durch die Wahl vermitteln möchte. Insgesamt muss sich ein schlüssiges Gesamtbild ergeben. Ein besonders edles und teures Hotel kann man auswählen, wenn man demonstrieren möchte, wie einflussreich und wohlhabend die eigene Firma ist. Dann sollte man bei den Preisverhandlungen aber auch nicht zu kleinlich daherkommen. Unpassend ist das 5-Sterne-Hotel auch, wenn gleichzeitig Mitarbeiter in dreckigen Fabrikhallen für einen Hungerlohn schuften müssen. Wer ein schlichtes Hotel wählt, wirkt vielleicht bescheiden und hinterlässt einen positiven Eindruck – oder er weckt den Verdacht, kurz vor der Insolvenz zu stehen.
Siehe auch → Kleidung.

Humor

Siehe → Witze.

I

Individualismus
China ist eine Gesellschaft, in der die Gruppe zählt. Es ist unüblich zu versuchen, aus der Masse herauszustechen und die eigenen Erfolge zu unterstreichen. Es gilt nicht als gute Eigenschaft, den eigenen Standpunkt durchzudrücken. Nicht das Individuum zählt, sondern die Gemeinschaft, die im Gleichgewicht bleiben soll. Daher rührt auch der Drang, Konflikte nie öffentlich und nur indirekt auszutragen. Denn verliert einer sein Gesicht, kann das die ganze Gemeinschaft betreffen.
In der nun aufstrebenden Ein-Kind-Generation gewinnt Individualismus allerdings an Gewicht. Die als *kleine Kaiser und Kaiserinnen* aufgewachsene Generation erweckt durchaus häufiger den Eindruck von grenzenlosem Egoismus, welcher jedoch von wichtigen *Guanxi*-Kontakten wieder eingeschränkt wird.
Siehe auch → Gesicht, → Guanxi, → Höflichkeit.

J

Ja sagen
Weder für *Ja* noch für *Nein* gibt es im Chinesischen eigene Wörter – man muss für ein *Ja* immer das Verb der Frage wiederholen bzw. verneinen. Fragt zum Beispiel jemand: *Warst du schon einmal in China?*, sagt man entweder *Ich war* oder *Ich war nicht*. So verwundert es nicht, dass in China ein klares *Ja* genauso selten ist wie ein klares *Nein*. Hier muss man die Umschreibungen richtig deuten können. Als Faustregel gilt: Wenn der Gesprächspartner bei einem Thema ins Detail geht, kann man davon ausgehen, dass er grundsätzlich einverstanden ist. Ansonsten wird er elegant ausweichen.
Besser ist es auch, gar nicht erst geschlossene Fragen zu stellen, die man

nur mit *Ja* oder *Nein* beantworten kann, sondern auf offene Fragen auszuweichen. Also *Wer könnte sich darum kümmern?* statt *Können Sie sich darum kümmern?* oder *Welchen Termin schlagen Sie vor?* statt *Wäre Ihnen morgen recht?*

Auch bestimmte Gesten, die man in Deutschland als Zustimmung verstehen würde, können in China etwas anderes bedeuten. Wenn jemand zum Beispiel nickt, bedeutet das lediglich, dass er zuhört, nicht unbedingt, dass er zustimmt.

Siehe auch → Nein sagen.

Jugend/Jugendlichkeit

Siehe → Alter.

K

Kampftrinken

Das Kampftrinken ist fester Bestandteil eines abendlichen Geschäftsessens. Unter westlichen Geschäftsleuten gefürchtet ist der sogenannte *Erguotou* (二锅头 èrguōtóu), ein Schnaps, der vor allem in Peking gerne zu solchen Anlässen gereicht wird. Mit seinen 56 Prozent Alkoholgehalt soll er sich nicht nur zum Trinken, sondern – bösen Zungen zufolge – auch als Insektengift und Benzinersatz eignen.

Wer bei dieser eigenen Art der Kriegsführung nicht mitmachen möchte, muss von Anfang an klare Grenzen stecken. Dem Kampftrinken kann sich nur entziehen, wer eine Frau ist oder wenn gesundheitliche Gründe dagegen sprechen. Dann sagt man *Ich kann nicht!* (不会 bú huì). Frauen sollten sich in der Öffentlichkeit besser nicht betrinken.

Siehe auch → Alkohol, → Trinksitten, → Trinkspiele, → Trinksprüche.

Karaoke

Siehe → Abendprogramm.

Kaugummi
Beim Kaugummikauen gilt in China das Gleiche wie bei uns: Nicht mit offenem Mund kauen. Und bei Verhandlungen und Gesprächen sollte sich ohnehin kein Kaugummi im Mund befinden.

Klatschen
Siehe → Beifall.

Kleidung
Bezüglich der Kleiderordnung muss man sich als Europäer keine allzu großen Gedanken machen. Prinzipiell sollte man sich in China für Geschäftstreffen genauso kleiden, wie man es in Deutschland auch tun würde. Chinesen erwarten das sogar, wenn sie selbst in lässigerer Kleidung daherkommen sollten. Der Westen steht in China für Reichtum und Wirtschaftskraft, und das sollte sich auch in der Kleidung widerspiegeln. Das Bild, das sich Chinesen von den Westlern gemacht haben, sollte man auch erfüllen, sonst droht der Verlust von Vertrauen – in die eigene Person und in das eigene Produkt.
Insgesamt ist in China auf einen eher konservativen Kleidungsstil zu achten. Auch wenn es noch so heiß sein sollte: Kurze Ärmel mit Krawatte zeugen nicht gerade von gutem Stil. Eine Krawatte sollte man sicherheitshalber immer dabeihaben, ausziehen kann man sie immer noch. Für Frauen gilt: möglichst flache Schule tragen.
Berücksichtigen sollte man bei der Kleidung aber auch die chinesische Farbsymbolik. Sich ganz in Weiß zu kleiden, könnte Chinesen zum Beispiel an eine Beerdigung erinnern, denn Weiß ist die Farbe der Trauer (→ *Farbensymbolik*).
Wer sich in China ganz im chinesischen Stil einkleidet, wird vermutlich ein Lächeln ernten.
Siehe auch → Accessoires, → Schuhe.

Kommunikationsstil
Die meisten Missverständnisse bei Gesprächen und Verhandlungen beruhen auf der unterschiedlichen Art und Weise zu kommunizieren. Der direkte deutsche Kommunikationsstil prallt dabei auf den indirekten Stil der Chinesen. Deutsche sind es gewohnt, Dinge direkt und offen zu benennen und fallen gerne mit der Tür ins Haus. Sie kommunizieren sehr zielorientiert, möchten möglichst schnell zur Sache kommen und ohne große Umwege ein Gesprächsergebnis herbeiführen. Oft steht das eigentliche Anliegen gleich am Anfang der Unterhaltung, Argumente und Hintergründe werden – bei Bedarf – nach und nach hinterhergeschoben. Hinzu kommt, dass Chinesen ihre potenziellen Geschäftspartner erst einmal persönlich kennenlernen möchten und beim ersten Treffen häufig gar nicht auf das Geschäftliche an sich zu sprechen kommen. Ihre Sprache ist auch wesentlich indirekter und gespickt von zahlreichen Höflichkeitsfloskeln. Weder würden sie eine Bitte direkt formulieren noch eine Bitte direkt abschlagen. Häufig hat man auch das Gefühl, dass die gleichen Themen immer wieder wiederholt und neu aufgerollt werden.
Siehe auch → Agenda, → Ja sagen, → Schweigen.

Kompetenz
Wie beurteilt man die Kompetenz eines chinesischen Geschäftspartners? Auf keinen Fall sollte man dem Trugschluss verfallen, dass Manager, die über perfektes Englisch verfügen, auch kompetente Ansprechpartner in Fachfragen sind. Im Gegenteil: Es ist sogar möglich, dass die Person ausschließlich aufgrund ihrer guten Sprachkenntnisse eingestellt wurde. Dann kann es an der fachlichen Kompetenz schwer hapern. Häufig sind gerade diejenigen, die kaum oder gar keine Fremdsprache sprechen, die fachlich Kompetentesten. Es lohnt sich also auf jeden Fall, immer einen Dolmetscher dabeizuhaben.
Siehe auch → Dolmetscher, → Sprache, → Verhandlungssprache.

Komplimente
Mit Komplimenten sollte man in China nicht sparen, sie können einem Tor und Türe öffnen und für den deutschen Geschmack auch gerne etwas übertrieben ausfallen.
Chinesinnen freuen sich vor allem über Komplimente zu ihrem Äußeren. Niemals sollte man aber so etwas sagen wie *Du bist aber schön braun geworden*, denn in China gilt besonders weiße Haut als schön. Männer dagegen werden eher für ihre Kompetenz und ihre Erfolge Komplimente erhalten wollen. Neutral ist ein Kompliment zur hervorragenden Gastfreundschaft, zum guten Essen, zur Höflichkeit. Gerne hören Chinesen auch Komplimente über ihre Visitenkarte (→ *Visitenkarte*).
Vorsichtiger sollte man sein, wenn man sich zu Kindern oder Ehefrau des Geschäftspartners äußern möchte. Ist dieser sehr abergläubisch, wird er selbst von seiner Familie eher abwertend sprechen, weil er glaubt, so die bösen Geister abwenden und Unheil von ihr fernhalten zu können. Auch bei Äußerungen zum Alter des anderen ist Vorsicht geboten (→ *Alter*).

Kondolenzschreiben
Echte Anteilnahme wissen Chinesen sehr zu schätzen. Erfährt man vom Todesfall in der Familie des Geschäftspartners, sollte man auch sein Beileid aussprechen. Allerdings möglichst umgehend, wer mit Verspätung kondoliert, reißt nur unnötig alte Wunden auf. Wegen der langen Postlaufzeiten ist es daher sinnvoller, direkt anzurufen oder eine E-Mail zu schreiben, bevor das Beileid mit tage- oder wochenlanger Verspätung eintrifft.
Siehe auch → Krankheit und Tod.

Konflikte
Da Harmonie in der chinesischen Gesellschaft sehr wichtig ist, werden Konflikte (fast) nie öffentlich ausgetragen. Dabei gibt es aber regionale Unterschiede: So kann es im Nordosten Chinas durchaus vorkommen,

dass man bisweilen Zeuge offener Konflikte wird. Werden Konflikte offen ausgetragen, droht der Gesichtsverlust.
Siehe auch → Gesicht, → Streitkultur.

Kontaktaufnahme
Vor allem in China unbekannte, kleine und mittelständische Unternehmen haben es schwer, mit chinesischen Unternehmen in Kontakt zu kommen. Daher wird immer wieder empfohlen, einen Vermittler einzuschalten, der auch über entsprechende *Guanxi* verfügt.
Siehe auch → Guanxi.

Körpergeräusche
Siehe → Rülpsen, → Tischmanieren.

Körperkontakt
Die sogenannte Distanzzone (also der Mindestabstand, den man zu anderen nach den allgemein akzeptierten gesellschaftlichen Regeln einhalten sollte) ist in China zwar etwas geringer als in Deutschland. Dennoch ist es in China geradezu verboten, andere Leute ungefragt zu berühren, erst recht in der Öffentlichkeit. Das heißt: dem anderen nicht auf die Schulter klopfen (auch wenn es noch so anerkennend gemeint ist) und schon gar nicht freundschaftlich den Arm um die Schulter legen. Genauso wenig berührt man einfach die Hand oder greift nach dem Arm des anderen. Die Angewohnheit vieler Leute, durch Berührungen Verbindlichkeit und Vertrauen zu schaffen, ist schon in Deutschland vielen unangenehm. In China ist sie ein absolutes Tabu und wirkt auf manche Chinesen sogar aggressiv. Diese Einstellung verändert sich natürlich zusehends in den Großstädten, auf dem Land aber wird Zuneigung nach wie vor nicht durch Körperkontakt gezeigt. Selbst Kinder werden hier häufig schon ab dem 10. Lebensjahr von ihren Eltern kaum noch umarmt oder geherzt.

Etwas anderes gilt unter guten Freunden. Sie berühren sich umso mehr, allerdings gilt das nur für den gleichgeschlechtlichen Kontakt. Sieht man in China zwei Männer händchenhaltend durch die Straßen ziehen, handelt es sich in der Regel nicht um ein schwules Pärchen, sondern einfach nur um sehr gute Freunde.
Eine Ausnahme, was den Körperkontakt mit Fremden betrifft, sind die öffentlichen Verkehrsmittel. Hier sollte man sich über das ungehemmte Drängeln und Schubsen weder wundern noch aufregen. Wenn es darum geht, einen Platz im Bus oder in der U-Bahn zu ergattern, scheint Körperkontakt für Chinesen plötzlich kein Problem mehr zu sein.
Siehe auch → U-Bahn.

Körperpflege

Chinesen legen sehr viel Wert auf ein gepflegtes Äußeres, haben aber zum Teil andere Schönheitsideale als Europäer. So gilt zum Beispiel weiße Haut als besonders schön – Komplimente über den schönen braunen Teint sollte man also unterlassen.
Insgesamt schwitzen Chinesen wesentlich weniger als Europäer. Das ist genetisch bedingt: Chinesen haben einfach weniger Schweißdrüsen als zum Beispiel Europäer. Lange Zeit suchte man daher in chinesischen Geschäften vergeblich nach Deorollern. Manch ein Chinareisender hat sich schon verzweifelt Backpulver unter die Achseln gerieben, da auch das angeblich Körpergeruch verhindern soll. Inzwischen findet man – vor allem in den Großstädten – auch Deodorants in den Supermärkten.
Da es im Hochsommer in China sehr heiß werden kann, sollte man darauf achten, dass man genügend Kleidung dabei hat, um sie tagsüber öfter wechseln zu können. Vor allem an Hemden oder Socken kann man dann nie genug dabei haben. Bei einer Kleider- oder Schuhgröße ab 40 wird man es schwer haben, passenden Ersatz in chinesischen Läden zu finden.
Siehe auch → Parfüm.

Körperschmuck
Siehe → Piercing, → Tätowierung.

Körpersprache
Gestik und Mimik sind bei den Deutschen sehr ausdrucksstark, das soll Vitalität vermitteln. Und sie erwarten vom Gegenüber meist eine direkte Reaktion auf das, was sie gesagt haben – sei es verbal oder mittels Körpersprache (zum Beispiel ein zustimmendes Kopfnicken oder ablehnendes Kopfschütteln). Chinesen gehen mit Gestik und Mimik dagegen wesentlich sparsamer um. Vor allem im Geschäftsleben verraten sie kaum, was sie wirklich denken. Wer dem anderen zeigt, was er fühlt und denkt, gilt in China als unreif. Gefühlsbetontes Verhalten ist ein Tabu, denn es würde aggressiv wirken.
Siehe auch → Gesten, → Lächeln.

Korrespondenz
Siehe → Briefe.

Krankheit und Tod
Häufig wird behauptet, dass man in China (oder in Asien allgemein) nicht über negative Dinge spricht. Man würde zwar schnell und schon beim ersten Treffen über sehr Persönliches ausgefragt (über Anzahl der Kinder, Gehalt, Alter, Körpergewicht), doch bliebe das alles sehr oberflächlich. Letzteres mag zwar stimmen, heißt aber nicht, dass man Negatives nicht auch zur Sprache bringen kann – wobei man auch in Deutschland nicht gleich dem Nächstbesten von seinem Magengeschwür erzählen würde. Wirkliche Anteilnahme an unerfreulichen Ereignissen weiß man auch in China zu schätzen – sofern es sich um akute Ereignisse handelt. Ist jemand krank, wünscht man ihm auch gute Besserung. Ist ein Familienmitglied verstorben, drückt man sein Beileid aus. Nach der Trauerperiode möchten Chinesen aber durch verspätete

Anteilnahme nicht mehr an das Ereignis erinnert werden. Dann wird nicht mehr getrauert und gejammert, sondern nach vorne geschaut. *Siehe auch → Kondolenzschreiben.*

Krawatte
Siehe → Accessoires, → Kleidung.

Kritik
Ein konfuzianisches Sprichwort sagt: *Ein vornehmer Mensch tadelt sich selbst, ein gewöhnlicher die anderen* (严于律己 宽以待人 yányúlǜjǐ kuānyǐdàirén). Für den Umgang mit Chinesen bedeutet das vor allem: Niemals in Gegenwart eines Chinesen chinesische Politik und Missstände in China kritisieren. Wenn, dann gebührt das höchstens den Chinesen selbst (und auch das kann für sie, bei zu öffentlicher und harscher Kritik, gefährlich werden). Direkte Kritik wird in China nie als etwas Positives empfunden. Wenn Kritik notwendig ist, dann sollte man sie nur *durch die Blume* äußern. War man zum Beispiel mit einer Dienstleistung nicht zufrieden, wird man den Dienstleister einfach nicht mehr in Anspruch nehmen, mit der Begründung, er habe vermutlich bereits sehr viel zu tun. Man wird sicherlich verstanden.
Siehe auch → Gesicht, → Kommunikationsstil, → Smalltalk.

L

Lächeln
Das chinesische Lächeln ist gleichermaßen bekannt wie gefürchtet. Denn niemals weiß man, was sich dahinter verbirgt. Auch in Deutschland kann ein Lächeln unterschiedliche Bedeutungen haben – man lächelt nicht nur aus Freude, sondern auch aus Verlegenheit, das Lächeln kann zum Grinsen werden und drückt dann meist Schadenfreude aus.

In China wird durch das Lächeln aber noch wesentlich mehr überspielt. Natürlich lächeln auch Chinesen, wenn sie Freude ausdrücken möchten. Lächeln ist aber häufig eine Art Schutz, um nicht das Gesicht (→ *Gesicht*) zu verlieren und auch, um die eigene Hilflosigkeit zu kaschieren. Es hat nichts mit Bosheit, Hinterhältigkeit oder Schadenfreude zu tun, wie manchmal behauptet wird, wenn Chinesen beim Anblick eines Unfalls plötzlich loslachen. Genauso wenig drückt ein Chinese, wenn er nickt und lächelt, seine Zustimmung aus. Er hört einfach nur zu (→ *Ja sagen*). Auch bei Begrüßungen darf ein Lächeln niemals fehlen.Wer in China Geschäfte macht, sollte darauf gefasst sein, dass sein Verhandlungspartner bei Gesprächen äußerst ausdauernd lächeln wird. Davon darf man sich nicht irritieren lassen. Umgekehrt sollte man sich selbst ein Lächeln angewöhnen, denn es hilft häufig dabei, verschlossene Türen zu öffnen. Wer wütend oder ungeduldig ist, sollte das immer hinter einem Lächeln verstecken, sonst kann es vorkommen, dass der Verhandlungspartner die Situation für sich nutzt, erst recht weiter verunsichert und provoziert, aufs Glatteis führt und einem weitere Zugeständnisse entlockt.
Siehe auch → Taktik.

Lachen
Wie hierzulande wirkt es auch in China nicht elegant, laut herauszulachen und anderen das Innere seines Mundes zu zeigen. Vornehm ist es, dabei zumindest die Hand vor den Mund zu nehmen. Doch kommt es auch hier auf die Situation an. Bei einem feucht-fröhlichen Gelage oder lockerer Stimmung kann es distanziert wirken, nicht laut über die Scherze der anderen zu lachen.
Siehe auch → Gähnen, → Lächeln.

Ladies first
Diese Regel gibt es in China traditionellerweise nicht und Chinesinnen erwarten daher auch keine entsprechend bevorzugte Behandlung.

Weder werden Frauen zuerst begrüßt noch muss man ihnen unbedingt die Tür aufhalten oder für sie Tischherr spielen. Trotzdem freuen sich Chinesinnen, wenn Europäer die Ladies-first-Regel auch in China anwenden. Vor allem unter der jüngeren Generation verbreitet sich diese westliche Höflichkeitsregel immer weiter.

Loyalität
Hat man einen chinesischen Geschäftspartner zum Freund gewonnen, kann man sich seiner Loyalität sicher sein. Viel Geduld ist dafür vonnöten und große Offenheit: Oft beginnt die Geschäftsanbahnung mit zahlreichen und ausführlichen Fragen über ganz persönliche Bereiche wie Ehepartner, Kinder, etc., bis hin zur Höhe des Gehalts.

Lügen
Kleine Lügen sehen Chinesen nicht als verwerflich an – das gilt sowohl für den Alltag als auch für das Geschäftsleben. Meist geht es bei diesen kleinen Lügen auch nicht darum, jemanden übers Ohr zu hauen oder zu täuschen, sondern darum, sich selbst oder den anderen zu schützen, bzw. darum, Gesicht (→ *Gesicht*) zu wahren. Darf man zum Beispiel bestimmte Informationen nicht preisgeben (oder kennt sie einfach nicht), wäre es unhöflich, das dem anderen so direkt zu sagen.
Siehe → Ehrlichkeit.

M

Meinungsverschiedenheiten
Siehe → Streitkultur.

Mimik
Siehe → Lächeln.

Missgeschicke
Siehe → Peinlichkeiten.

Mittagessen
Siehe → Essen, Allgemeines, → Essenszeiten.

Mittagsschlaf
Siehe → Bürozeiten, → Nickerchen.

Mobiltelefon
Siehe → Telefonieren.

N

Nachtclub
Siehe → Abendprogramm.

Namen
In China stehen die Nachnamen immer vorne, die Vornamen stehen hinten. Heißt jemand *Li Meiling* (李美玲 Lǐ Měilíng), so ist der Vorname *Meiling* (美玲 Měilíng), der Nachname lautet *Li* (李 Lǐ). Im Geschäftskontakt ist es aber unüblich, sich mit dem Vornamen anzusprechen.
Es gibt ca. 100 verschiedene chinesische Nachnamen, die aber keine inhaltliche Bedeutung haben. Anders die Vornamen: Die Namen der Jungen drücken meist Eigenschaften wie *reich, stark* und *heldenhaft* aus. Mädchennamen haben oft etwas mit *Blumen, Edelsteinen* und *Schönheit* zu tun. Viele Kinder bekommen heutzutage zusätzlich auch einen englischen Vornamen. Und auch später legen sich Chinesen, die häufig mit Ausländern zu tun haben, einen westlichen Namen zu.

Manchmal behalten sie aber auch ihren chinesischen Namen, passen aber die Reihenfolge von Vor- und Nachnamen an den westlichen Standard an – also zuerst Vorname, dann Familienname. Das führt dann oft erst recht zu Verwirrung. Ist man sich bei der Korrespondenz mit Chinesen nicht sicher, was Vor- und was Nachname ist, kann man auch einfach den gesamten Namen verwenden.
Umgekehrt sollte man sich aber auch als Deutscher einen chinesischen Namen zulegen, wenn man vorhat, öfters geschäftlich nach China zu reisen. Diesen Namen trägt man dann auch auf der Visitenkarte. Das bringt zwei Vorteile: Zum einen muss sich der Chinese nicht den für ihn fremden westlichen Namen merken. Zum anderen sammelt man damit sicherlich Bonuspunkte: Die chinesische Seite wird es als eine besondere Form der Wertschätzung deuten. Wie bei der Wahl von Produkt- und Firmenname ist auch bei der Wahl des Personennamens Vorsicht geboten, damit man nicht unerwünschte Assoziationen hervorruft. Im Internet finden sich zwar viele Namensgeneratoren, die sowohl Vor- als auch Familiennamen ins Chinesische übersetzen. Besser aber, man sucht sich dafür einen Experten. Sollte der Namensgenerator zum Beispiel einen Namen wie *Leichte Feder* ausspucken, könnte das bei korpulenteren Menschen etwas komisch wirken.
Siehe auch → Anrede, → Firmenname, Übersetzung ins Chinesische → Visitenkarte.

Nase putzen
Siehe → Taschentuch.

Nein sagen
In China wird man selten ein direktes *Nein* hören. Man drückt sich gerne indirekt aus, denn ein klares Nein wäre dem anderen gegenüber sehr unhöflich. Trotzdem kennen Chinesen zahlreiche Umschreibungen, die man als ein Nein deuten sollte: Wörter wie *vielleicht* oder *eventuell* oder

Formulierungen wie *Das könnte ein Problem geben* oder *Das könnte schwierig werden,* sollten einen hellhörig machen. Wichtig ist auch, auf die Körpersprache zu achten: Ein Chinese kann zum Beispiel durchaus etwas zusagen, mit seiner Mimik oder Gestik aber deutlich zu verstehen geben, dass er das Gegenteil meint.
Umgekehrt gibt es Situationen, in denen Chinesen mit einem *Nein* nicht *Nein* meinen: Bietet man einem Chinesen zum Beispiel ein Getränk an, wird er aus Höflichkeit erst einmal ablehnen. Man sollte es ihm mehrfach anbieten – denn es kann durchaus sein, dass er kurz vorm Verdursten ist. Das Gleiche gilt bei Geschenken oder Einladungen.
Auch als Europäer sollte man aus Höflichkeit niemals mit einem klaren *Nein* antworten. Mit einem *Ich denke darüber* nach kann man sich aber meist gut aus der Affäre ziehen.
Siehe auch → Einladungen, → Geschenke, → Ja sagen, → Kommunikationsstil.

Networking
Siehe → Guanxi.

Nickerchen

Beim Mittagsschlaf lässt man sich nur ungern stören

Chinesen beherrschen die Kunst, überall schlafen zu können – ob auf der Parkbank, an der Bushaltestelle oder im Büro. Sie machen dann *Pause* (休息 xiūxi). Und das Schlafen ist in China eine anerkannte Disziplin. Wer zur Mittagszeit an einen Ticketschalter kommt, muss gegebenenfalls warten, bis der Angestellte sein Mittagsschläfchen beendet hat, bevor er bedient wird. Sobald dieser den Kopf

auf seine verschränkten Arme gelegt hat, lässt er sich durch nichts mehr stören.
Schläft ein Chinese bei einem Vortrag oder einer Präsentation ein, sollte man das auf keinen Fall als Desinteresse oder Respektlosigkeit auffassen und sich darüber ärgern oder sogar beschweren. In China denkt man da nämlich anders: Der Mann ist sicherlich so müde, weil er die ganze Zeit hart gearbeitet hat.

Notlügen
Siehe → Lügen.

O

Obrigkeitshörigkeit
Siehe → Entscheidungsbefugnis.

P

Parfüm
Eine zu starke und schwere Duftwolke ist in China unüblich. Man sollte sich eher für dezente und leichte Düfte entscheiden.
Siehe auch → Körperpflege.

Peinlichkeiten
Kleine Peinlichkeiten, wie offene Knöpfe oder Spinat zwischen den Zähnen, werden von Chinesen einfach übersehen. So sollte man es selbst in China auch handhaben. Andere auf solche Dinge aufmerksam zu machen, könnte als unhöflich empfunden werden und dem Angesprochenen sein Gesicht (→ *Gesicht*) kosten.

Personalführung
In chinesischen Unternehmen sind Hierarchien sehr stark ausgeprägt. Die Statusunterschiede werden deutlich hervorgehoben. Allerdings gibt es in chinesischen Unternehmen keine Einzelpersonen, sondern jeder repräsentiert das Unternehmen. Die Loyalität zu Unternehmen und Vorgesetzten ist sehr hoch. Dies steht allerdings im scharfen Kontrast zu den verbreiteten Fluktuationsproblemen, mit denen man in China zu kämpfen hat. Auch wenn das Problem illoyaler, häufig wechselnder Arbeitskräfte sowohl chinesische als auch ausländische Unternehmen betrifft, verzeichnen ausländische Unternehmen mancherorts geringere Fluktuationen als chinesische.
Siehe auch → Entscheidungsbefugnis.

Piercing
Wer ein Piercing trägt, sollte es im Geschäftsverkehr gut verstecken. Piercings wirken in China, wie auch Tätowierungen, sehr unseriös.
Siehe auch → Tätowierung.

Pokerface
Siehe → Lächeln.

Präsentationsunterlagen
Prinzipiell sollte man immer doppelt so viele Unterlagen mitnehmen wie man Teilnehmer erwartet. Sind fünf chinesische Verhandlungspartner angekündigt, können es leicht einmal zehn werden. Bei der Ausstattung der Unterlagen sollte man nicht sparen und bei der Gestaltung an die Zahlen- und Farbsymbolik (→ *Farbensymbolik*, → *Zahlensymbolik*) denken. Tendenziell dürfen die Unterlagen in China gerne etwas bunter ausfallen und sie sollten möglichst viele Bilder enthalten.
Einen guten Effekt erzielt man auch, wenn man den Präsentationsunterlagen ein Firmenprospekt beilegt – und auf dem Deckblatt die

deutsche Nationalflagge aufblitzen lässt. Deutsche Produkte haben in China einen sehr guten Ruf und die schwarz-rot-goldene Fahne ist ein Symbol für Qualität. Die Unterlagen sollten möglichst auch in chinesischer Sprache abgefasst sein. Damit zeigt man, dass man an einer guten Zusammenarbeit interessiert ist und bereit ist, entsprechend Mühe zu investieren. Die angefertigten Präsentationsunterlagen legt man nicht in einem Schwung zu Beginn der Verhandlung vor, sondern man gibt immer nur nach und nach etwas preis. Niemals sollte man gleich zu Beginn alles auf den Tisch legen, schon gar nicht, bevor man zu irgendeiner Art Vertrag gekommen ist. Wer seine Präsentationsunterlagen nicht als wertvolle Informationen auffasst, mit denen man vorsichtig umgeht, liefert dem anderen eine Steilvorlage zur Produktpiraterie. Das gilt vor allem für technische Unterlagen.

Preispoker

Chinesen lieben es zu handeln – und sind daher mehr als enttäuscht, wenn deutsche Geschäftspartner sich bei Preisen nicht flexibel zeigen wollen. Die Preisverhandlung ist für Chinesen die Königsdisziplin schlechthin, in der sie ihr Können unter Beweis stellen möchten. Daher erwarten sie bei jeder Verhandlung, dass sich beim Preis noch etwas tut und dass der Geschäftspartner dies im ersten Preisangebot bereits berücksichtigt hat. Das heißt: Jedes Preisangebot vorab so gestalten, dass noch ein bisschen Spielraum fürs Preispokern bleibt!
Siehe auch → Taktik.

Privatsphäre

In China wird zwischen Privatem und Geschäftlichem nicht so stark getrennt wie in Deutschland. Chinesen möchten zu ihrem Geschäftspartner eine persönliche Beziehung aufbauen. Erst wenn das Persönliche stimmt, kommt es zum Geschäft. Daher sind gemeinsames Essen und Trinken sowie Betrinken so wichtig. In Deutschland dagegen läuft

es genau umgekehrt: Wenn man ins Geschäft kommt, kann sich daraus gegebenenfalls auch eine Freundschaft entwickeln, muss aber nicht. Auch wenn einem manche Fragen während der Phase des Kennenlernens sehr intim vorkommen: Chinesen fragen im Grunde immer nur nach Offensichtlichem oder Oberflächlichem. Und natürlich haben die persönlichen Fragen auch einen geschäftlichen Hintergrund: Wer seinen Verhandlungspartner besser kennt, weiß, welche Verhandlungsstrategien er einschlagen sollte.
Siehe auch → Taktik.

Protokoll
Das Gesprächsprotokoll dokumentiert, wie die Unterhaltung verlaufen ist und auf welche Punkte man sich geeinigt hat. Allerdings hat das Protokoll in China eine ähnliche Bedeutung wie Verträge – nichts, was darin geschrieben steht, ist in Stein gemeißelt. Nachträgliche Änderungen sind jederzeit möglich. Dabei kann es vorkommen, dass man von den gewünschten Änderungen kurz vor der Heimreise informiert wird.
Siehe auch → Verträge.

Pünktlichkeit
Diese deutsche Kardinaltugend wird auch im chinesischen Geschäftsleben sehr hoch gehalten. Zu vereinbarten Terminen – ob Konferenzen oder Essenseinladungen – sollte man immer pünktlich erscheinen. Wer zu spät kommt, verärgert damit seinen chinesischen Geschäftspartner – auch wenn dieser das niemals offen zeigen wird. Ist bereits absehbar, dass man den Termin nicht pünktlich einhalten kann, sollte man unbedingt Bescheid geben und dem anderen die Möglichkeit eröffnen, den Termin zu verschieben, falls der Zeitplan dadurch zu sehr durcheinandergeraten könnte. Sollte die Unpünktlichkeit durch *höhere Gewalt* (zum Beispiel einen Stau oder Unfall) verursacht sein, wird der Geschäftspartner dies natürlich verzeihen.

Q

Quotenfrau
Dieser Begriff dürfte Chinesen völlig fremd sein. Obwohl die Konfuzianische Lehre die Frau eindeutig dem Mann als untergeordnet einstuft und es unter Geschäftsleuten durchaus üblich ist, sich neben der Ehefrau noch eine Zweitfrau zu halten, gibt es in China heute zahlreiche erfolgreiche Geschäftsfrauen, die sicherlich nicht aus Gründen der Gleichberechtigung in diese Positionen gehievt wurden. Niemals sollte man sich dazu verleiten lassen, diese Frauen zu unterschätzen.
Siehe auch → Ladies first.

R

Rauchen
Das Rauchen von Zigaretten ist ein fester Bestandteil der chinesischen Kultur. Sogar während des Essens oder bei Besprechungen wird häufig geraucht. Bekommt man eine Zigarette angeboten, sollte man sie – auch als Nichtraucher – dankend annehmen. Man kann sie auch erst einmal wegstecken und sich *für später* aufheben. Frauen rauchen in der Öffentlichkeit allerdings kaum.

Rechnungen (im Restaurant)
Siehe → Bezahlen.

Rechtsbeistand
Siehe → Verträge.

Redewendungen
Siehe → Chengyu.

Reklamationen
Reklamationen sind natürlich mit Kritik verbunden. Besonders behutsames Vorgehen ist hier gefragt. Erst einmal sollte man mit Lob beginnen und die Mängel möglichst indirekt ansprechen. Ganz wichtig ist, dass man Reklamationen niemals als Fax verschickt, das jedem in der Firma zugänglich sein könnte, sondern als persönlich adressierten, verschlossenen Brief.
Siehe auch → Kritik.

Religion
In China ist man, was Religion betrifft, relativ flexibel. Chinesen suchen sich aus den verschiedenen zur Verfügung stehenden Glaubensrichtungen meist die Komponenten heraus, die sie für ihre Situation gebrauchen können. So kann es vorkommen, dass sie den buddhistischen Glauben praktizieren, sich zur Sicherheit aber noch den Segen eines daoistischen Priesters einholen. In religiösen Belangen orientieren sie sich also daran, was den Umständen entsprechend günstig sein könnte. Umgekehrt ist es eher unüblich, dass sich die Gesellschaft an die religiösen Bedürfnisse des Einzelnen anpasst. Es wird zum Beispiel nicht gut ankommen, wenn ein überzeugter Christ meint, vor dem Essen beten zu müssen (und die anderen dazu zwingt, geduldig auszuharren, bis das *Amen* erklingt und sie endlich mit dem Essen beginnen dürfen). Möchte man religionsbedingt kein Schweinefleisch essen, kann man das natürlich vorher sagen. Koscher oder halal wird das Essen in China aber selten sein. Möchte sich jemand zum Beten zurückziehen, sollte er einfach um einen Raum bitten, in dem er für ein paar Minuten ungestört ist. Lange Erklärungen, dass man zum Beispiel gen Mekka beten möchte, sind hier nicht nötig und würden auch nichts bringen. Chinesen werden

in allem versuchen, auf die Wünsche ihrer Gäste einzugehen – sie werden vielleicht nicht unbedingt sofort darauf vorbereitet sein, und verstehen müssen sie es auch nicht.

Restaurantrechnung
Siehe → Bezahlen.

Rülpsen
Einst schriebt der neokonfuzianische Philosoph Zhu Xi (朱熹 Zhū Xī): *Es darf kein Geräusch des Essens zu hören sein.* Das schrieb er im 12. Jahrhundert. Die heutigen Tischsitten sehen allerdings deutlich anders aus, dafür hat nicht zuletzt Mao Zedongs (毛泽东 Máo Zédōng) Kulturrevolution gesorgt: In einem Bauernstaat müssen auch bäuerliche Sitten herrschen. Dieses Prinzip haben Chinesen in vielerlei Hinsicht bis heute verinnerlicht.
Siehe auch → Spucken, → Tischmanieren.

Rundumbetreuung
Siehe → Abholung am Flughafen, → Abendprogramm.

S

Schlafen
Siehe → Nickerchen.

Schmatzen
Siehe → Rülpsen, → Spucken, → Tischmanieren.

Schmuck
Siehe → Accessoires.

Schuhe

Seriöse Geschäftsleute achten auf seriöses Schuhwerk: also keine offenen Schuhe und keine Sandalen anziehen. Allgemein legen Chinesen großen Wert auf gepflegte und ordentliche Fußbekleidung, das schließt auch die Socken mit ein. Und wenn man weiß, dass es in China üblich ist, beim Betreten eines Privathauses die Schuhe auszuziehen, wird klar, warum das so ist. Wer mit schmutzigen oder durchlöcherten Socken vor seinem Gastgeber steht, verliert schnell an Autorität. Besser, man hat tagsüber, wenn es heiß ist, auch ein Paar Socken zum Wechseln dabei. Manchmal wird der Gastgeber seinen Gästen das Schuheausziehen erlassen (das erkennt man daran, dass er selbst seine Schuhe anbehält) oder ihnen seine Gästehausschuhe anbieten.

Als Geschäftsfrau sollte man in China möglichst flache Schuhe tragen, denn die durchschnittliche Mitteleuropäerin ist für chinesische Verhältnisse ohnehin schon recht groß.

Siehe auch → Kleidung.

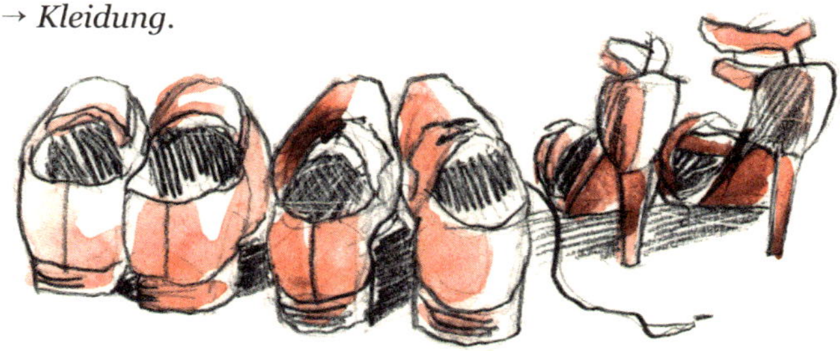

Privatwohnungen werden ohne Schuhe betreten

Schweigen

Wenn jemand spricht, sollte man ihn niemals unterbrechen. Jemandem ins Wort zu fallen, wirkt auf Chinesen noch viel unhöflicher als auf uns. Zu lautes Sprechen ist nicht stilvoll, Flüstern verstößt aber ebenfalls gegen die Grundregeln des guten Benehmens (→ *Stimme, Lautstärke der*).

Auf der anderen Seite machen Chinesen – auch bei Verhandlungen –

gerne lange Gesprächspausen. Diese Pausen sollte man beachten und respektieren, denn sie dienen dem Gesprächspartner dazu, sich zu sammeln und in Ruhe nachzudenken. Deutsche Geschäftsleute müssen oft erst lernen, mit diesen Redepausen umzugehen. Auf keinen Fall sollten sie versuchen, das Gespräch hektisch voranzutreiben, indem sie den anderen in seinen Gedanken stören – selbst dann, wenn das Schweigen minutenlang anhalten sollte. Da heißt es im wahrsten Sinne des Wortes: abwarten und Tee trinken. Wer gut schweigen kann und ausdauerndes Schweigen aushält, wird als ebenbürtiger Verhandlungspartner anerkannt und respektiert.

Servietten
Die Serviette legt man, wie auch in Deutschland, während des Essens auf die Knie und benutzt sie natürlich nicht als Lätzchen, um das teure Hemd zu schonen. Niemals schnäuzt man sich in die Serviette, auch wenn die Suppe noch so scharf sein sollte. Das tut man in China im Beisein anderer nicht einmal mit einem Taschentuch.
Siehe auch → Taschentuch, → Tischmanieren.

Siezen
Siehe → Duzen.

Sitzhaltung
Wenn man am Verhandlungstisch oder beim Essen sitzt, sollte man besser nicht die Beine übereinander schlagen. So würde man zwangsläufig mit der Fußspitze auf jemanden deuten oder die Schuhsohle zeigen – beides gilt als grob unhöflich.

Sitzordnung bei Tisch
Bei Verhandlungen sitzen sich die Hauptpersonen, also die Verhandlungsführer, direkt gegenüber (bei rechteckigen Tischen in der Mitte der

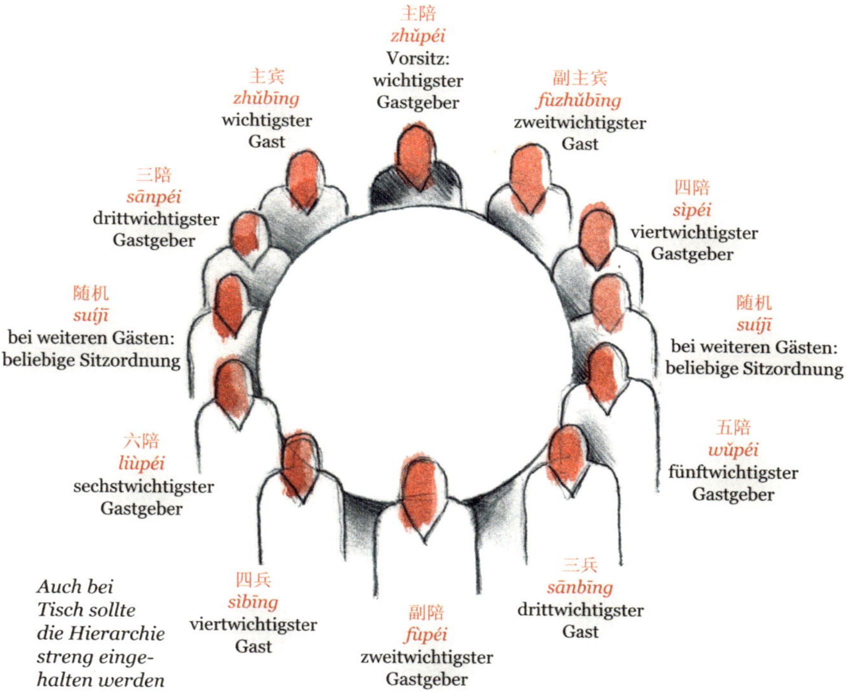

Auch bei Tisch sollte die Hierarchie streng eingehalten werden

Tischlängsseiten). Für die restlichen Plätze gilt: Je weiter man von den Verhandlungsführern entfernt sitzt, desto weiter unten wird man in der Hierarchie angesiedelt sein.

Ist man zu einem Abendessen oder Bankett eingeladen, wird der Gastgeber bereits am Eingang warten, um seine Gäste zu begrüßen, sie zum Tisch zu begleiten und ihnen einen Sitzplatz zuzuweisen. Wer als Delegation erscheint, sollte schon beim Betreten des Essenssaals auf Rang und Hierarchiestufe achten (→ *Gemeinsames Gehen*).

Festessen finden in China bevorzugt an runden Tischen statt, dafür kann man sich im Restaurant einen separaten Raum reservieren lassen. Der ranghöchste Gast bekommt in der Regel den Sitzplatz direkt gegenüber der Türe, links von ihm sitzt der Gastgeber. Rechts und links dieser Hauptpersonen werden die Sitzplätze dann hierarchisch absteigend verteilt. Je weiter also jemand von den beiden entfernt sitzt, desto unbedeutender ist er. Tendenziell sind auch diejenigen, die links (oder östlich) des Ehrengastes sitzen, höher angesehen als jene zu seiner rechten. Beim *Tisch der Acht Unsterblichen* mit acht Stühlen (zur 8 als Glückszahl siehe → *Zahlensymbolik*) sitzt der wichtigste Gast an der Tischkante, die nach Osten zeigt bzw. an der Tischseite gegenüber dem Haupteingang, und zwar auf dem rechten Sitz. Wenn die Gäste auf mehrere Tische verteilt werden, steht der Tisch mit den wichtigsten Gästen in der Saalmitte, tendenziell im vorderen Bereich. Links dieses Tisches stehen die Tische (hierarchisch geordnet) 2, 4 und 6. Rechts davon stehen die dritt-, fünft- und siebtwichtigsten Tische.

Sitzordnung im Auto

Wichtige Gäste werden üblicherweise von einem Chauffeur abgeholt. Der beste Sitzplatz im Auto, das ist der Platz hinter dem Beifahrersitz, gebührt natürlich immer dem Ranghöchsten. Der Beifahrersitz selbst ist für Begleitung, wie etwa die Sekretärin, vorgesehen. Wird man jedoch vom Gastgeber selbst gefahren, ist der Beifahrersitz der Platz, der dem Ehrengast vorbehalten bleiben sollte.

Smalltalk

Bestimmte Themen sind für den Smalltalk gänzlich ungeeignet: das politische Verhältnis zu Japan, Tibet und Taiwan, die Menschenrechtssituation oder allgemein Kritik an der chinesischen Regierung. Gute Gesprächsthemen sind natürlich die außerordentliche wirtschaftliche Entwicklung Chinas oder die reiche und jahrtausendealte Kultur. Sport oder gemeinsame Hobbys eignen sich ebenso. Andere häufige Gesprächsthemen drehen sich um Beruf, Familie oder Arbeit – und Preise. Chinesen erkundigen sich unglaublich gerne über das Preisniveau

verschiedener Artikel in Deutschland oder wie viel man zum Beispiel für Anzug oder Schuhe ausgegeben hat. Allgemein stellen Chinesen für den europäischen Geschmack sehr früh sehr persönliche Fragen (zum Beispiel wie viel man verdient). Diese Fragen dienen dem Aufbau einer persönlichen Beziehung und zeugen vom persönlichen Interesse am anderen. Es wird gar nicht erwartet, dass man darauf detaillierte Antworten gibt, vielmehr sollte man solche Fragen als eine besondere Form der chinesischen Höflichkeit betrachten und zurückfragen.
Siehe auch → Geld, → Kritik.

Socken
Siehe → Schuhe.

Speisenfolge
Auch in China werden die Speisen in Vorspeisen und Hauptspeisen unterteilt. Anders als im Westen aber isst man heiße Suppen nicht als Vorspeise, sondern sie werden üblicherweise gegen Ende des Mahls serviert. Außerdem *isst* man Suppen in China nicht, sondern man *trinkt* sie, da sie den Getränken zugerechnet werden. Die Suppe soll als eine Art *Neutralisator* zwischen den verschiedenen aufgetischten Geschmacksrichtungen dienen oder – am Ende des Mahls – helfen, die letzten noch freien Lücken im Magen auszufüllen.
Als Vorspeisen werden meist viele kleine kalte Gerichte serviert. Danach folgen nach und nach die verschiedenen Hauptspeisen. Die Vorspeisen werden dabei nicht in einem Schwung abserviert, sondern bleiben stehen. Darauf, dass die Zusammensetzung der Speisen den europäischen Geschmack treffen wird, sollte man sich nicht immer verlassen. Außerdem ist es durchaus möglich, dass unter den Gerichten einiges an Exotik vorhanden sein wird (Hund, Schlange, Skorpion etc.), muss aber nicht so sein. Der Gastgeber wird es dem Westler jedoch hoch anrechnen, wenn dieser von jedem Gericht zumindest ein wenig

probiert. Entgegen aller Erwartungen wird man bei einem Festessen in einem Restaurant meist nur wenig Reis zu Gesicht bekommen (anders wäre dies bei einem privaten Essen zuhause). Der Gastgeber wird dadurch signalisieren wollen, dass er es nicht nötig hat, seine Gäste mit diesem Sattmacher vollzustopfen, sondern er sie, ganz im Gegenteil, mit wesentlich edleren Gerichten verwöhnen kann. Wenn, dann kommt die Reisschüssel erst zum Schluss, wenn man eigentlich kaum mehr in der Lage ist, noch etwas zu sich zu nehmen. Man kann sich jedoch den Reis durchaus auch gleich zu den Hauptgängen servieren lassen. Diesen Wunsch muss man aber der Bedienung gegenüber ausdrücklich äußern.
Ein klassisches Dessert ist in China nicht üblich, was aber nicht heißt, dass es bei diesen Festessen nichts Süßes gäbe. Verschiedene süße Speisen, mit Reis und Obst, kann es immer wieder zwischendurch während des Hauptmenüs geben. Wenn aber eine Obstschale serviert wird, ist das ein eindeutiges Zeichen dafür, dass das Mahl beendet ist, und die Gäste werden aus westlicher Sicht fast fluchtartig das Restaurant verlassen. Anders als in den meisten europäischen Ländern ist es in China nämlich nicht üblich, nach Beendigung des Essens noch ein Weilchen zusammenzusitzen.
Bei Einladungen in Privathäuser (die es wegen der beengten Wohnverhältnisse in China eher selten gibt) ist die Speisenfolge in etwa die gleiche wie bei einem Bankett, wenn auch etwas bescheidener und weniger aufwändig dekoriert. Üppig wird das Essen aber trotzdem ausfallen.
Siehe auch → Essen, Allgemeines.

Sprache

Dolmetscher sollten immer eingesetzt werden, wenn man die Sprache des anderen nicht perfekt beherrscht – Feinheiten könnten bei den großen kulturellen Unterschieden verloren gehen und zu Missverständnissen führen.

In chinesischen Schulen wird heute zwar schon seit vielen Jahren Englisch unterrichtet, doch bei älteren Leuten ist die Sprache noch nicht sehr verbreitet. Ein paar Grundkenntnisse in Chinesisch können daher schon bei Taxifahrten oder im Restaurant von großem Vorteil sein.
Und selbst wenn man das Gefühl hat, dass der Geschäftspartner über einigermaßen gute Englischkenntnisse verfügt, muss man genau prüfen, ob er auch wirklich alles verstanden hat. Sollte er nämlich etwas nicht verstehen, wird er das meistens nicht zugeben (und einfach weiter lächelnd mit dem Kopf nicken). Durch kleine Rückfragen oder ein entsprechendes Handout sollte man sich also immer rückversichern, dass inhaltlich alles beim Gesprächspartner angekommen ist.
Siehe auch → Dolmetscher, → Fachkompetenz, → Verhandlungssprache.

Sprichwörter
Siehe → Chengyu.

Spucken
Auf den Boden zu spucken ist zwar nach wie vor ein beliebter Volkssport in China, allerdings kein von offizieller Seite gerne gesehener. Das beweisen die zahlreichen Spucken-verboten-Schilder, an die sich nur wenige halten. In dieser Hinsicht sollte man sich also gar nicht erst an diese chinesische Gepflogenheit anpassen. Schon im Jahr 2006 hat das KP-Steuerungskomitee für geistige Gesundheit den Chinesen, als Teil eines großen Katalogs an Benimmregeln,

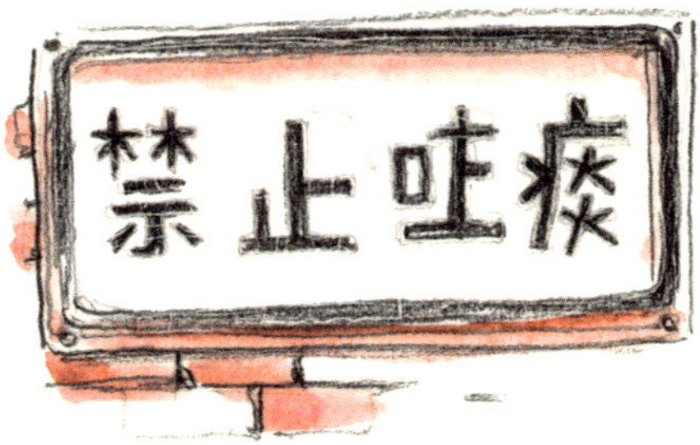

Hier ist Spucken verboten!

sogar das Spucken im Ausland verboten. China war übrigens nicht immer ein Land von *Spuckern*. Diese Sitte ist – ebenso wie vermutlich das Schmatzen und Rülpsen bei Tisch – ein Überbleibsel aus der Zeit des Mao-Terrors. Wer sich möglichst bäuerlich benahm, machte sich unverdächtig. Spucken gilt in China aber auch als gesund – man entledigt sich damit unerwünschter Bakterien.
Siehe auch → Tischmanieren.

Stäbchen
Siehe → Besteck, Umgang mit.

Stimme, Lautstärke der
Lautes Sprechen (ebenso wie lautes Herauslachen) gilt in China als sehr stillos – vor allem, wenn man sich untereinander in einer Sprache unterhält, die die anderen nicht verstehen. Wenn sich Deutsche laut miteinander unterhalten, haben Chinesen oft das Gefühl, dass sie sich streiten – was Asiaten meist sehr unangenehm ist. Flüstern ist allerdings ebenfalls eher unhöflich – wer flüstert, könnte etwas zu verbergen haben.
Wenn man etwas Wichtiges besonders betonen möchte, sollte man das nicht über die Lautstärke der Stimme tun. Solche Arten der Intonation kennen Chinesen oft nicht, denn im Chinesischen wird Wichtiges eher dadurch hervorgehoben, dass es wiederholt wird.
Etwas anderes gilt natürlich beim geselligen Zusammensein (wie zum Beispiel beim → *Kampftrinken*). Dann sind diese vornehmen Regeln außer Kraft gesetzt.
Siehe auch → Lachen.

Strategie
Siehe → Taktik.

Streitkultur
Eine offene Streitkultur wie in Deutschland kennen Chinesen nicht. Während man in Deutschland gerne von einem *reinigenden Gewitter* spricht und Konfliktbereitschaft nicht ausschließlich negativ bewertet wird, sehen Chinesen in Konflikten niemals etwas Positives. Konflikte sollte man daher niemals direkt austragen. Wer dem anderen offen seine Meinung ins Gesicht bläst, hat sich nach chinesischer Einschätzung nicht im Griff. Außerdem schädigt er damit die soziale Beziehung. Um das zu vermeiden, kann es sogar vorkommen, dass einer der Beteiligten schlagartig den Raum verlässt (natürlich ohne die Tür zuzuschlagen), um dem Konflikt auszuweichen. Aus Meinungsverschiedenheiten sollte jeder Beteiligte wieder respektvoll herauskommen – zum Beispiel kann man sich darauf einigen, dass alle das Gleiche meinten, es nur anders ausgedrückt haben. Oder dass es sich bei den verschiedenen Ansichten lediglich um zwei Sichtweisen ein und derselben Sache handelt. In Besprechungen kommen Themenbereiche mit Konfliktpotenzial erst ganz zum Schluss zur Sprache. Zuerst werden die gemeinsamen Erfolge und weitere positive Punkte hervorgehoben, und von da aus tastet man sich langsam an die möglichen Streitpunkte heran. Aber: Sich hier zu sehr ein chinesische Gepflogenheiten anzupassen, kommt bei den chinesischen Geschäftspartner ebenfalls nicht sehr gut an. Wutausbrüche und der Versuch, die Verhandlungen durch Drängeln voranzutreiben, sind zwar unerwünscht. Dennoch erwartet man in China von deutschen Unternehmen klare Worte, was ihre Forderungen und Vorstellungen angeht.
Siehe auch → Diskussionen, → Entschuldigungen, → Kritik, → Widerspruch.

Symbolik
Bekommt man von seinem chinesischen Geschäftspartner eine Bildrolle überreicht, auf der galoppierende Pferde oder eine Landschaft mit Wasserfällen abgebildet ist, so ist das in jedem Fall ein gutes Zeichen: Diese

Motive stehen für geschäftlichen Erfolg. Pferde symbolisieren Schnelligkeit, Stärke und Ausdauer, alles Eigenschaften, die für gute Geschäfte notwendig sind. Auch bei dem Spruch *Wo Pferde sind, da ist Erfolg* (马到成功 mǎ dào chénggōng) handelt es sich um ein chinesisches Wortspiel, das Pferde und Erfolg zum Inhalt hat. Es kann nämlich auch bedeuten: *sofort Erfolg haben.* Adler, Löwen und Tiger wiederum stehen stehen für Macht und Stärke, Hirsche und Fische für Reichtum. Wasser wird nach der daoistischen Harmonielehre von Wind und Wasser (风水 fēngshuǐ) mit fließender Energie assoziiert, die wiederum Voraussetzung für Glück, Gesundheit, Karriere und Erfolg ist.

T

Tadel

Siehe → Kritik.

Taiwan/Tibet

Möchte man seinen Geschäftspartner nicht verärgern, sind das Themen, die man in China besser nicht in den Mund nehmen sollte – schon gar nicht beim Smalltalk.

Siehe auch → Smalltalk.

Taktik

Auch wenn Chinesen einen für deutsches Empfinden chaotischen Verhandlungsstil pflegen, wissen sie genau, worauf sie hinauswollen. Sie sind äußerst gut vorbereitet, informiert und zielstrebig. Das Schlüsselwort ist hier: Taktik. Chinesen sind bekannt für ihr taktisches Vorgehen, das sich an den uralten Regeln chinesischer Kriegskunst orientiert. Wer sich näher über chinesische Verhandlungstaktik informieren möchte, sollte zunächst die sogenannten *36 Strategeme* lesen, die der chinesi-

sche General Tan Daoji (檀道濟 Tán Dàojì) im 5. Jahrhundert verfasst haben soll. Dabei handelt es sich um eine Sammlung von Weisheiten, die durch Geschichten verschiedene Techniken vorstellt, wie mögliche Gegner überlistet werden können. Die Strategeme gehören in China zum Allgemeinwissen, werden sogar in der Schule gelesen und sind inzwischen schon als Comics erhältlich.
In dem Buch erfährt man zum Beispiel, wie man *den Tiger vom Berg in die Ebene lockt* (jemanden aufs Glatteis führt) oder jemandem *heimlich das Brennholz unterm Kessel wegnimmt* (jemandem das Wasser abgräbt). Es dient vielen Geschäftsleuten heute noch als Anleitung für das strategische Vorgehen bei Verhandlungen.
Siehe auch → Chengyu, → Hartnäckigkeit.

Taschentuch
Das Taschentuch ist auch in China vielseitig einsetzbar – denn häufig fehlt in öffentlichen Toiletten das Klopapier oder das chinesische Wetter treibt einem den Schweiß aus den Poren, den man dann elegant mit einem Taschentuch abtupfen kann. Für das eigentliche Naseputzen verwenden Chinesen das Taschentuch (zumindest in der Öffentlichkeit) dagegen nicht. Und auch der Anblick eines Europäers, der genussvoll in sein Taschentuch schnäuzt, ist ihnen zuwider – vor allem bei Tisch. Wenn der Westler dann auch noch das benutzte Taschentuch wieder einsteckt, ist der Ekel komplett. Wer sich die Nase putzen möchte, steht also auf und sucht sich einen Ort, an dem er ungestört ist (zum Beispiel die Toilette). In Gegenwart anderer laut die Nase hochzuziehen, ist dagegen erlaubt.

Tätowierung
Eine Tätowierung wird in China nicht gerne gesehen. Früher wurden Straftäter tätowiert – sogar mitten auf die Stirn, damit man sie auch gleich als Gesetzesbrecher erkennen konnte. Noch heute gelten Täto-

wierungen eher als Merkmal von Kriminellen und sind im Geschäftsverkehr ein absolutes Tabu. Sichtbare Tätowierungen sollte man also auf jeden Fall mit entsprechender Kleidung bedecken oder, falls möglich, überschminken.
Siehe auch → Piercing.

Teamwork
Siehe → Entscheidungsbefugnis.

Telefonieren
Die Telefonetikette ist in China nicht sehr weit entwickelt. Die berühmte chinesische Höflichkeit scheint beim Telefonieren wie weggeblasen. Ruft man irgendwo an, so schallt einem meist ein recht harsch klingendes *Hallo!* (喂 *wèi*) aus dem Telefonhörer entgegen, selbst bei großen, seriösen Unternehmen. Selten meldet man sich in China gleich mit seinem Namen. Wenn man dann erklärt, wer man ist und wen man gerne sprechen möchte, wird die Stimme am Ende der Leitung meist freundlicher. Allerdings kann es vorkommen, dass, sollte der gewünschte Gesprächspartner nicht verfügbar sein, man auch recht schnell wieder aus der Leitung hinauskatapultiert wird. Dann hört man ein knappes *Nicht da!* (不再 bù zài), ein Klacken – und der andere hat aufgelegt.
Während des Telefongesprächs sagen Chinesen ab und zu so etwas wie *Ja* (是 shì) oder *Stimmt* (同意 tóngyì). Das sollte man aber nicht mit einer echten Zustimmung verwechseln. Der Gesprächspartner möchte damit lediglich sagen, dass er noch zuhört (→ *Ja sagen*) und am Apparat ist. Möchte er das Gespräch abbrechen, wird er auf geläufige Ausreden zurückgreifen wie *Ich habe einen dringenden Termin* oder *Der Vorgesetzte ruft mich.*
Während Besprechungen oder Präsentationen muss man sich unter Umständen nicht nur auf schlafende Chinesen in den hinteren Reihen (→ *Nickerchen*), sondern eventuell auch auf telefonierende einstellen.

In China ist es nicht üblich, sein Handy auszuschalten. Es könnte sogar ein Affront sein, den anderen darum zu bitten. Störend wird manchmal nur das Klingeln des Handys empfunden, nicht das Telefonieren selbst. Dann schaltet man eben auf lautlos. In China ist man immer per Handy erreichbar. In einzelnen chinesischen Restaurants gibt es inzwischen eine Art Handyverbot, oder besser gesagt: eine besondere Form der Handyetikette. Dort gibt man sein Handy am Eingang beim Kellner ab. Wenn es klingelt, bringt er es dem Gast an den Tisch. Telefonieren darf man dann trotzdem direkt beim Essen.

Terminplanung

Chinesen legen eher selten Termine länger als einen Monat im Voraus fest. Wer das dennoch tut, muss regelmäßig nachhaken und sich den Termin bestätigen lassen. Umgekehrt bedeutet das natürlich auch, dass man sich auf recht kurzfristige Einladungen und Termine einstellen muss.

Verfügt man bereits über ein entsprechendes Netzwerk, kann man diese Flexibilität auch für sich selbst nutzen. Während zum Beispiel Werksbesichtigungen in Deutschland von langer Hand geplant und genehmigt werden müssen, öffnen Chinesen ihre Werkstore auch mal kurzfristig – vorausgesetzt natürlich, man kennt die richtigen Ansprechpartner.

Tetraphobie

Chinesen haben Angst vor der Zahl 4 (四 sì) denn im Chinesischen hört sich diese Zahl ähnlich an wie das Wort für *sterben* (死 sǐ). Man sollte also vermeiden, Geschenke in Vierer-Verpackungen mitzubringen.
Siehe → Zahlensymbolik.

Tischmanieren

Sitzen alle Gäste an ihren Tischen, wird der Gastgeber das Essen eröffnen. Er erhebt das Glas (oder die Stäbchen) oder er beginnt damit, dem

wichtigsten Gast die besonders guten Happen auf den Teller zu legen.
Das Essen wird in aller Regel in der Mitte des Tisches (der bei einem Festessen meist rund ist) auf einem drehbaren Teller serviert. Auf diese Weise kommt jeder Gast bequem an alle Speisen heran. Im Laufe des Abends werden immer wieder neue Schüsseln aufgetischt. Die Höflichkeit gebietet es, dass jedes neu aufgetischte Gericht auf dem Drehteller zunächst in Richtung Ehrengast gedreht wird.
Genauso wenig, wie man in China seinen Teller leeressen darf (→ *Anstandsreste*), so wenig darf man plötzlich mit dem Essen aufhören. Den Einwand *Ich bin satt* wird der Gastgeber – in welcher Sprache auch immer – nicht verstehen und fröhlich weiter Essen nachlegen.
Überhaupt fallen chinesische Essen äußerst üppig aus, es gibt stets und mit Absicht viel zu viel zu essen. Damit beweist der Gastgeber nicht nur Respekt seinen Gästen gegenüber. Da China in seiner Geschichte Zeiten großer Hungernöte durchmachen musste, ist es ein Zeichen von Wohlstand, sich jetzt Essen im Überfluss leisten zu können.
Während man in Deutschland stets versucht, besonders elegant zu essen, steht in China beim Essen der Genuss im Vordergrund. Beim Essen soll man es sich gutgehen lassen, daher ist fast alles *erlaubt*, was in Deutschland bei Tisch verboten ist: schmatzen, schlürfen, mit vollem Mund reden und andere Geräusche. Knöchelchen und Gräten holt man nicht mit der Hand aus dem Mund, sondern spuckt sie meist einfach neben den Teller, manchmal auch auf den Boden. Sogar vor, während und nach den Mahlzeiten wird häufig geraucht. Für die Stäbchen braucht man schließlich nur eine Hand, da hat in der anderen noch eine Zigarette Platz, und manchmal auch ein Handy. Auch auf das Tischtuch zu kleckern, ist hier kein Malheur. Und wer durch entsprechende Geräusche seinen Genuss am Essen kundtut, fällt nicht als schlecht erzogen auf: Zuweilen laut zu schmatzen ist in China durchaus üblich, wenn auch (zumindest in den größeren Städten) eine Tendenz, mit geschlossenem Mund zu kauen, bemerkbar ist.

Darüber, ob man sich diesen Tischmanieren in China anschließen sollte, ist man sich unter Chinareisenden nicht ganz einig. Man sollte sich jedenfalls nicht über diese Tischmanieren wundern, denn sie bedeuten keineswegs mangelnden Respekt dem Geschäftspartner gegenüber. Viele chinesische Geschäftsleute, die häufig im Westen sind oder mit westlichen Partnern zu tun haben, kennen inzwischen auch die westlichen Gepflogenheiten und haben sich bereits ein Stück weit entsprechend angepasst. Am einfachsten ist es also, sich an seinen Nebensitzern zu orientieren, wenn man nicht sicher ist, ob eher westliche oder chinesische Tischmanieren angesagt sind.
Ein paar wenige Grundregeln sind dennoch immer zu beachten: Was Chinesen beim Essen nach wie vor nicht schätzen, ist, sich die Nase zu putzen (→ *Taschentuch*). Dafür sollte man lieber kurz aufstehen und auf die Toilette gehen. Und wer sich selbst etwas vom Servierteller nehmen möchte, bietet zunächst den Tischnachbarn rechts und links etwas an, bevor er sich selbst bedient. Dies trifft auch auf Getränke und Zigaretten (→ *Rauchen*) zu. Wer sich mit einem Zahnstocher die Zähne säubert (was bei Tisch erlaubt ist), sollte aber die Hand davorhalten. Die Stäbchen sollte man auch wirklich nur zum Essen und nicht zum Gestikulieren verwenden. Außerdem darf man, will man seinen Gastgeber nicht in Verlegenheit bringen, niemals seinen Teller leeressen.
Siehe auch → Anstandsreste, → Besteck, Umgang mit.

Titel, akademische
Siehe → Anrede.

Toilette
Der Standard in Chinas öffentlichen Toiletten ist mit deutschen Standards nicht zu vergleichen. Am besten verrichtet man sein Geschäft, soweit möglich, ausschließlich im Hotel. Manche öffentliche Toiletten sind kostenpflichtig. Trotzdem findet man dort meist kein Toilet-

tenpapier vor. Wer doch einmal dringend muss, sollte sich vorher die Schriftzeichen für *Mann* (男 nán) und *Frau* (女 nǚ) einprägen, um nicht in peinliche Situationen zu geraten. Begegnet man jemandem zufällig auf der Toilette, sollte man ihn niemals grüßen. Ein Gruß an diesem schmutzigen Ort könnte dem anderen sehr unangenehm sein.

Trinkgeld

In China ist es nicht üblich, Trinkgeld zu geben. Rechnungen in Restaurants und Hotels enthalten bereits die Servicegebühr. Wo sich viele Touristen tummeln, löst sich aber auch diese Regelung allmählich auf. Dann werden Trinkgelder erwartet, sollten aber möglichst diskret überreicht werden.

Trinksitten

Anders als in Deutschland müssen in China die Gläser immer randvoll sein. Selbst wenn man noch nicht viel getrunken hat, wird sofort nachgeschenkt. Das übernimmt entweder der Gastgeber persönlich oder das Servicepersonal. Sollte man sich selbst nachschenken wollen (wozu man in China meist ohnehin kaum die Gelegenheit haben wird, da man selten vor einem leeren Glas sitzt), bietet man – wie beim Essen oder den Zigaretten – zunächst allen anderen etwas an.

Weit verbreitet ist der Brauch, andere ausdrücklich zum Trinken aufzufordern. Dabei steht der Gastgeber (oder ein anderer) meist auf, sucht sich seinen Trinkpartner aus, streckt ihm sein Glas entgegen und fordert zum gemeinsamen Trinken auf (→ *Trinksprüche*). Die Aufforderung kann auch in die ganze Runde gehen. Meist wird man dabei das berühmte *Ganbei* (干杯 gānbēi) hören, das wörtlich übersetzt so viel bedeutet wie *den Becher trocknen*. Und das ist dann auch ernst gemeint – das Glas soll in einem Zug leergetrunken werden. Wer einem anderen zuprostet, sollte aber auf eines achten: Er sollte das Glas niemals höher als das seines Gegenübers halten. Das Glas hält man mit der einen Hand, die andere Hand stützt dabei das Glas von unten. Je mehr ein Gast trinkt, desto glücklicher ist der Gastgeber. Wer viel trinkt, zeigt seinem Gastgeber, dass er ihn sehr achtet. Umgekehrt kann der Gastgeber sein Gesicht verlieren, wenn sein Gast nichts trinken möchte. Wenn man Angst davor hat, zur Alkoholleiche zu werden, muss man von Anfang an klarmachen, dass man gar keinen Alkohol trinken *darf*. Dann sagt man *Ich kann nicht* (不会 bú huì), niemals sagt man einfach *Ich will nicht* (不要 bú yào). Allerdings sollte man dann auch präzisieren, warum man nicht kann. Gesundheitliche Gründe, zum Beispiel die Einnahme von Medikamenten oder Magenprobleme, akzeptieren Chinesen bereitwillig. Hat man sich dieser Ausrede bedient, muss man aber auch konsequent sein und darf sich nicht ein einziges Mal zum Trinken überreden lassen. Wer auch nur einmal nachgibt, wird aus der Trinkfalle keinen Ausweg mehr finden.Wer ein wenig angetrunken am Tisch sitzt, muss sich dafür nicht schämen. Das ist vom Gastgeber einkalkuliert und sogar erwünscht – wenn seine Gäste alkoholbedingt etwas in Schieflage geraten, beweist das nur, wie großzügig und gastfreundlich er ist. Dann darf man aber auch nicht plötzlich mit dem Trinken aufhören. Die eine oder andere Peinlichkeit, die sich unter Alkoholeinfluss ereignet, ignorieren Chinesen einfach. Sie wird am nächsten Tag sicherlich nicht Gesprächsthema sein. Dennoch sollte man trotz der – im Vergleich zu Europa – lockeren Tischsitten, lieber die Toilette aufsuchen, sobald man

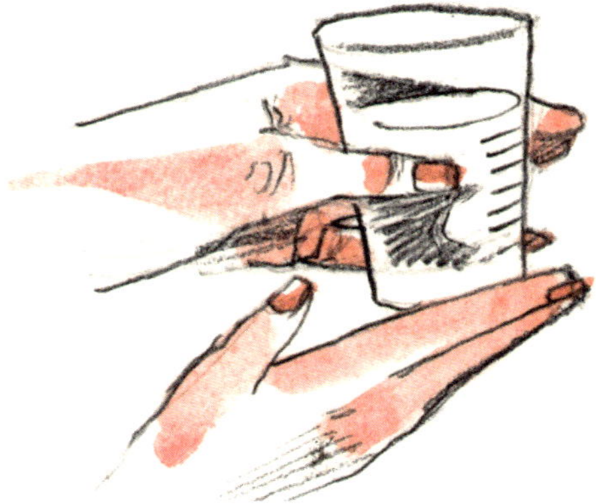

Auch beim Zuprosten gilt es Regeln zu beachten!

spürt, dass Alkohol und Speisen den Magen zu sehr herausfordern. Je später der Abend, desto häufiger wird man meist beobachten können, dass auch andere öfters einmal den Tisch verlassen und entsprechende Räumlichkeiten aufsuchen müssen. Sollte man sich gar nicht mehr auf den Beinen halten können, stehen in besseren Restaurants bequeme Sofas bereit, die im Laufe des Abends von besonders trinkfreudigen Gästen auch zunehmend zum Ausruhen in Anspruch genommen werden.

Siehe auch → Alkohol, → Getränke, → Kampftrinken, → Trinkspiele, → Trinksprüche.

Trinkspiele

Trinkspiele sind in China weit verbreitet. Das können einfache Würfelspiele oder Fingerspiele sein, oder aber die kultivierteren Varianten, bei denen das Wissen der Anwesenden auf eine harte Probe gestellt wird. Verbreiteter sind aber die einfacheren Spiele, bei denen es ziemlich laut hergehen kann und bei denen die Chinesen jegliche Zurückhaltung vergessen und ungehemmt drauflos brüllen. So gibt es zum Beispiel zahlreiche Varianten des auch bei uns bekannten Kinderspiels *Schere, Stein, Papier*. Bei einer dieser Varianten spielen zwei Personen gegeneinander: Auf Kommando lassen beide eine Hand vorschnellen und zeigen dabei eine bestimmte Anzahl an Fingern. Gleichzeitig brüllen sie eine Zahl. Wer die Zahl ruft, die am nächsten an der Zahl ist, die sich aus der Addition der von beiden Spielern gezeigten Finger ergibt, hat gewonnen. Der anderen muss trinken.

Wer zu einem Trinkspiel aufgefordert wird, sollte kein Spielverderber sein und einfach mitmachen, vor allem, wenn er möchte, dass die zuvor abgeschlossenen Verträge nicht gleich wieder gelöst werden. Wer mit den Chinesen trinkt, gibt ihnen das Gefühl, einer von ihnen zu sein.

Siehe auch → Alkohol, → Getränke, → Kampftrinken, → Trinksitten, → Trinksprüche.

Trinksprüche
Der bekannteste chinesische Trinkspruch ist die Aufforderung, den *Becher zu trocknen*: *Ganbei* (干杯 gānbēi) – also die Aufforderung, das Glas in einem Zug leerzutrinken. Gerne verwenden Chinesen auch ganze Reime als Trinksprüche. Und es gibt ganz unterschiedliche Kategorien von Trinksprüchen.
Mit einem Trinkspruch fordert der Gastgeber, auf sehr höfliche und offizielle Art und Weise, die Gäste zu Beginn eines gemeinsamen Essens zum Trinken auf. Er steht auf, spricht ein paar salbungsvolle Worte und hebt das Glas. Normalerweise stehen dann alle Gäste ebenfalls auf. Der Gastgeber trinkt als erster sein Glas komplett leer. Zum Beweis, dass nichts mehr im Glas ist, dreht er es einmal um. Dann müssen alle anderen gleichermaßen ihre Gläser leertrinken. Der Gast kann den Trinkspruch auch erwidern und auf das Wohl des Gastgebers anstoßen, beim gegenseitigen Trinkspruch fordern sich die Gäste untereinander – unter allerlei Vorwänden – zum Trinken auf. Niemals sollte man dabei die Aufforderung ablehnen, sondern immer mittrinken. Wenn man nicht mittrinken *kann* (不会 bú huì) gibt es auch die Möglichkeit, sich beim Trinken durch einen Dritten vertreten zu lassen. Auf diese Weise kann man dem Gastgeber oder anderen Gästen seinen besonderen Respekt erweisen. Der Vertreter sollte allerdings immer in einer engen Beziehung zu demjenigen stehen, den er vertritt (und besonders trinkfest sein – denn er muss sozusagen doppelt mittrinken).
Das sogenannte *Straftrinken* ist eine eher scherzhafte Art der Bestrafung, etwa für diejenigen, die zu spät zu einem Bankett eintreffen.

U

U-Bahn
Wer seinem Geschäftspartner vermitteln möchte, Vertreter eines aner-

kannten und hochrangigen Unternehmens zu sein, sollte zu Terminen nicht mit den öffentlichen Verkehrsmitteln anreisen. Das könnte den Eindruck erwecken, die eigene Firma habe kein Geld und müsse unbedingt sparen. Besser ist es, ein Taxi zu nehmen, falls man nicht ohnehin von einem Chauffeur abgeholt wird.
Allgemein scheint es in den öffentlichen Verkehrsmitteln Chinas keine Höflichkeitsregeln zu geben, hier ist sich jeder selbst der nächste. Schubsen und drängeln ist völlig normal. Manch einem soll es schon passiert sein, dass er sich versehentlich auf einen Chinesen gesetzt hat, weil dieser es geschafft hatte, sich noch schnell zwischen den Sitz und den herabsinkenden Hintern des Europäers zu klemmen. Eine Regel gibt es aber auch hier: Schwangeren Frauen und älteren Menschen überlässt man immer seinen Sitzplatz!
An diesen ansonsten rauen Sitten in den öffentlichen Verkehrsmitteln hat auch der Tag des Anstehens, den die chinesische Regierung anlässlich der Olympischen Spiele in Peking ins Leben gerufen hat, nichts geändert. An jedem 11. eines Monats wurden Aufpasser dazu abgestellt, den Leuten die Kunst des gesitteten Schlangestehens beizubringen. Den 11. wählte man, weil die beiden Einser das Hintereinanderstehen ohne zu drängeln so schön bildhaft darstellen. Der Effekt hielt leider immer nur einen Tag lang an – am 12. des Monats war die Übung schon wieder vergessen.
Siehe auch → Hotel.

Understatement

So wichtig es ist, sich gegenüber Menschen, die man bereits kennt, möglichst bescheiden zu geben und die eigenen Fähigkeiten herunterzuspielen, so wichtig ist es gleichzeitig, seinen Status zum Beispiel gegenüber noch unbekannten Geschäftspartnern ganz gezielt in Szene zu setzen. Dieses widersprüchlich erscheinende Verhalten hat einmal mehr mit dem chinesischen *Gesicht* zu tun: Man sollte dem anderen immer deut-

lich die *Größe* des eigenen Gesichts vor Augen führen, damit dieser seine Position in der klar umrissenen chinesischen Hierarchie erkennen kann. Wenn dabei etwas dicker aufgetragen wird (zum Beispiel wenn der Gast per Luxuslimousine von einem Firmenvertreter im Markenanzug und mit teurer Uhr am Handgelenk abgeholt wird), rechnen sich Chinesen eine bessere Ausgangsposition bei den bevorstehenden Verhandlungen aus. Aus ihrer Sicht katapultieren sie sich mit solch einer Taktik, die auch als *das Gesicht sprechen lassen* (讲面子 jiǎng miànzi) bekannt ist, in der Hierarchie und damit in der eigenen Wichtigkeit nach oben. Nicht selten stehen in chinesischen Unternehmensprospekten daher auch Fotos, die den Firmenchef mit wichtigen Funktionären abgelichtet zeigen, an prominenter Stelle. Auf Visitenkarten werden auch gerne die diversen Funktionen, die der Betreffende innehat und innehatte aufgelistet.
Umgekehrt kann das in Deutschland oft gerne praktizierte Understatement den chinesischen Geschäftspartner extrem irritieren: Wird der chinesische Gast etwa in Deutschland mit dem Familienauto abgeholt, wird er sich mit Sicherheit um die Wichtigkeit und die damit verbundene Entscheidungsbefugnis des Verhandlungspartners Gedanken machen.
Siehe auch → Bescheidenheit, → Gesicht.

Unordnung
Siehe → Chaos.

V

Vegetarier
Strenge Vegetarier haben es in China nicht immer leicht. Es sei denn, sie haben sich in der Nähe eines buddhistischen Tempels mit angeschlossenem Restaurant niedergelassen. Dort werden sie im Essensangebot

(das ausschließlich vegetarisch ist) schwelgen können. Ist man zum Essen eingeladen, sollte man dem Gastgeber, bevor er die Bestellung aufgibt, darüber informieren, dass man kein Fleisch und/oder keinen Fisch isst. Er wird das gerne bei der Auswahl des Essens berücksichtigen.
Siehe auch → Essensauswahl.

Vegetarier müssen in China nicht nur Reis essen

Verabschiedung
Wie überschwänglich die Verabschiedung ausfällt, hängt zum großen Teil davon ab, wie die vorherige Unterredung verlaufen ist. Ist der Gast auf seine Kosten gekommen und wurde seinen Bitten entsprochen, fällt die Verabschiedung recht kurz aus. Ist die Verhandlung allerdings nicht positiv ausgegangen, wird der chinesische Verhandlungspartner versuchen, zumindest die Verabschiedung möglichst höflich und herzlich zu gestalten. So kann er beim Gast – trotz allem – noch einen guten Eindruck hinterlassen. Wichtig ist, sich bei der Verabschiedung möglichst umfassend und überschwänglich zu bedanken – für die Gastfreundschaft, für das Vertrauen, für alles, was man vom Gegenüber lernen konnte. Eine Dankeskarte, die man kurz nach Rückkehr von der Geschäftsreise verschickt, kommt auch immer gut an und ruft einen beim Geschäftspartner wieder ins Gedächtnis.
Bei Privateinladungen wird der Gastgeber seinen Gast manchmal nicht nur bis zur Tür, sondern sogar bis auf die Straße begleiten. Als Gast bittet man seinen Gastgeber natürlich darum, sich doch keine Umstände zu machen, der Gastgeber wird sich von seinem Vorhaben aber nicht abbringen lassen.
Wer sich vorzeitig von einem Bankett oder Empfang verabschieden muss, sollte das allerdings sehr diskret und schnörkellos tun.
Siehe auch → Begrüßung, → Bankett.

Verbeugung

Die Verbeugung ist die traditionelle Form der Begrüßung, die auch heute noch in China, vor allem abseits der großen Metropolen, praktiziert wird. Man kann sich vor, anstatt oder zusätzlich zum Händeschütteln verbeugen. Chinesen, die viel Umgang mit Westlern haben, werden einem aber ganz selbstverständlich die Hand zur Begrüßung hinstrecken. *Siehe auch → Begrüßung.*

Verhandlungsablauf

Chinesische Geschäftspartner steigen ungern direkt in die sachliche Diskussion ein, sondern verwenden zunächst viel Zeit darauf, den anderen kennenzulernen. Die Gäste werden erst einmal ausgiebig begrüßt, und der Gast sollte ebenfalls mit einem ausführlichen Lob für die Gastfreundschaft danken.

Der Ranghöchste leitet als Sprecher die Verhandlungen. Am Anfang steht erst einmal die Grundsatzfrage, ob und welches gemeinsame Projekt in Angriff genommen werden soll. Häufig stellt die chinesische Seite in der Eröffnungsphase einen Bedingungskatalog auf, gerne unter Berufung auf das chinesische Gesetz.

Nach der ersten Grundsatzentscheidung werden die Details diskutiert, wobei nun meist Fachleute zu Wort kommen. Als Faustregel gilt: Zunächst geht es um technische Fragen, erst dann um das Finanzielle. Die Hauptphase der Verhandlung kann sich über Monate hinweg erstrecken und hängt auch vom Durchhaltevermögen des westlichen Teams ab, das sich nicht frustriert zu voreiligen Zugeständnissen hinreißen lassen sollte. Schon gar nicht sollte man seine Ungeduld oder Wut zeigen, denn: Sobald die chinesische Seite spürt, dass der andere ungeduldig wird, wird sie versuchen, diese Schwäche auszunutzen und zum Vertragsabschluss zu kommen, der natürlich vor allem die chinesischen Konditionen berücksichtigt. Um seine eigenen Nerven zu schonen, und damit nicht die eigene Ungeduld zum Fallstrick wird, sollte man lie-

ber auf viele kleine Termine und Verhandlungen setzen. Besser, man plant öfters eine Chinareise ein, als zu versuchen, alles in einem Marathontreffen abzuhaken. Dabei sollte man zwischendurch den Eindruck vermitteln, dass alle Möglichkeiten ausgereizt sind und kein weiterer Verhandlungsspielraum mehr besteht (und trotzdem noch eine ganze Reihe an möglichen Konzessionen im Ärmel haben). Erst wenn von chinesischer Seite aus alle Fakten klar und deutlich vorliegen, ist das Verhandlungsende in Sicht. Wenn alles geklärt ist, trifft man sich noch einmal zur Vertragsunterzeichnung, und anschließend feiert man meist bei einem üppigen Bankett. Doch während Verträge in Deutschland als Abschluss und Ziel der Verhandlungen gelten, haben sie in China einen ganz anderen Stellenwert.
Siehe auch → Verträge.

Verhandlungssprache
Vor allem die jüngere Generation unter den Chinesen spricht Englisch, einige Chinesen sprechen gut Deutsch, werden das aber gegebenenfalls nicht zu erkennen geben, um die internen Zwischenabsprachen ihrer Verhandlungspartner heimlich mithören zu können. Darauf sollte man sich einstellen. Wer testen möchte, ob jemand im Raum Deutsch spricht, kann vorab oder zwischendurch einen kleinen Witz (auf Deutsch) erzählen und schauen, ob einer der Anwesenden lacht oder lächelt – und damit zeigt, dass er den Witz verstanden hat.
Siehe auch → Dolmetscher, → Fachkompetenz, → Sprache.

Verhandlungstaktik
Siehe → Taktik.

Verträge
Chinesische Verträge sind mit deutschen nicht vergleichbar. Die Vertragsformulierungen sind meist schwammig und lassen viel Raum für

Interpretationen und Nachverhandlungen. Ein chinesischer Vertrag ist ein Dokument, das jederzeit wieder geändert werden kann. Wenn es Probleme gibt und man die eine oder andere Klausel ändern möchte, brauchen Chinesen dann keinen juristischen Beistand. Sie diskutieren das lieber persönlich aus. Die Anwesenheit eines Rechtsanwalts könnten sie sogar als einen Beweis für mangelndes Vertrauen deuten. Ebenso die Forderung nach einem bis ins Detail ausgetüftelten, wasserdichten Vertrag. Im Zweifelsfall sollte man auf streng festgezurrte Verträge nicht bestehen, um das Vertrauensverhältnis nicht zu gefährden. Selbst wenn am Ende ein exakt ausgearbeiteter Vertrag vorliegen sollte, wird das im Ernstfall nichts bringen. Chinesen werden auf ihrer Gepflogenheit bestehen, bei Problemen nachträgliche Änderungen einbringen zu dürfen. Es entspricht in China keinem guten Geschäftsgebaren, immer wieder auf vertraglich Fixiertes zu verweisen und zu bestehen. Verträge können sich aus den unterschiedlichen Gründen ändern – zum Beispiel wenn sich am Markt eine andere Preisentwicklung ergibt, oder auch nur, weil der zuständige Manager gewechselt hat und nun seinen eigenen Namen auf dem Vertragsdokument haben möchte. Darin sollte man aber auch einen Vorteil sehen: Chinesische Verträge sollen Platz für die menschliche Komponente lassen, so kann man auch flexibler auf Veränderungen reagieren und auf die gegenseitigen Wünsche eingehen. Auch bei Streitigkeiten ist es nicht üblich, einen Anwalt vorauszuschicken. Wem eine langfristige Zusammenarbeit wichtig ist, der sollte immer versuchen, Probleme auf freundschaftlicher Ebene zu lösen und erst einmal persönlich vorsprechen.

Vertrauen

Siehe → Verträge.

Visitenkarte

An Visitenkarten sollte man reichlich dabeihaben, denn sie spielen

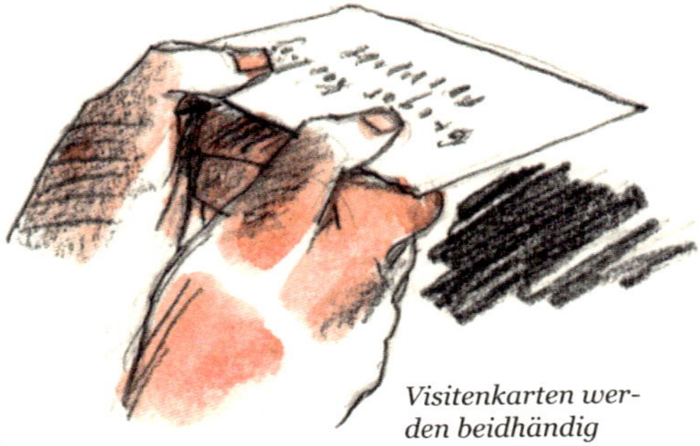

Visitenkarten werden beidhändig überreicht

in China eine unwahrscheinlich große Rolle. Wer keine Visitenkarte hat, den gibt es praktisch nicht. Und je aufwändiger und hochwertiger die Karte ist, desto höher ist das Ansehen der Person. Auf keinen Fall sollte man also bei der Gestaltung und Ausstattung seiner Visitenkarten sparen. Sogar eine goldene Schrift ist denkbar, steht Gold doch in China für Reichtum und hohes Ansehen.

Die Karte sollte folgende Angaben enthalten: Name, Titel, Firmenlogo, Funktion innerhalb des Unternehmens. Das Wort *Manager* lesen Chinesen besonders gerne auf den Karten. *Junior* oder *Assistenz* sollte dagegen niemals auf der Visitenkarte stehen, das erweckt den Eindruck, nicht wichtig zu sein – und dann wird man auch von Chinesen nicht weiter beachtet.

Bei Titeln und Bezeichnungen auf den Visitenkarten darf (und sollte man) gerne etwas dick auftragen (→ *Understatement*).

Am besten ist die Karte beidseitig bedruckt: vorne auf Englisch/Deutsch, hinten auf Chinesisch. Visitenkarten werden in China mit beiden Händen überreicht (mit der Schrift zum Empfänger hin, so dass dieser gleich alles gut lesen kann) und mit beiden Händen entgegengenommen. Dabei übergibt der ranghöchste Anwesende bzw. Gastgeber als Erster seine Visitenkarte an den ranghöchsten Gast – und umgekehrt. Die Karte wird dann erst einmal eingehend studiert. Wem nach dem ersten Durchlesen nicht klar ist, was Vorname und was Nachname ist, der fragt lieber gleich nach. Denn häufig haben sich Chinesen schon an den westlichen Standard, zuerst den Vornamen, dann den Nachnamen zu nennen, angepasst (→ *Namen*). Und wer nachfragt, bezeugt Interesse. Niemals darf man die Visitenkarte achtlos in die Tasche, vielleicht sogar in die Hosentasche stecken, wo sie Gefahr läuft, zerknittert zu werden. Erst nachdem man gezeigt hat, dass man alle auf der Karte dokumentierten Informationen aufgenommen hat, verstaut man sie sorgfältig in einem Visitenkartenetui. Während Besprechungen legt man sie vor sich auf den Tisch. Man sollte sich auch nichts auf den Karten notieren und schon gar nicht damit spielen! Man könnte das alles zusammenfassend so sagen: Die Visitenkarte des anderen ist immer mit größtem Respekt zu behandeln.

Vorstellen

Siehe → Begrüßen.

Vortritt lassen

Wer zuerst einen Raum betritt, das entscheiden Hierarchie oder Alter. Der Ranghöchste (bzw. der ranghöchste Gast) betritt dabei immer als Erster den Raum, er steigt als Erster ins Auto und bekommt beim Essen als Erster etwas auf den Teller gelegt. In der Öffentlichkeit unter Fremden ist es allerdings nicht üblich, anderen den Vortritt zu lassen oder die Türe aufzuhalten (es wird aber trotzdem gerne gesehen). Nur ältere Menschen genießen hier Privilegien.

Siehe auch → Alter, → Ladies first, → U-Bahn.

W

Wangenküsse

Die Begrüßung mit Wagenküssen gab es in China bisher nicht. Durch den westlichen Einfluss hat die jüngere Generation diese Geste zum Teil übernommen, besonders, wenn man sich längere Zeit nicht gesehen hat. Im Geschäftsleben ist sie aber unüblich.

Siehe auch → Begrüßung, → Körperkontakt.

Widerspruch

Auch wenn es einem noch so schwer fallen sollte: In der Öffentlichkeit darf man anderen nicht widersprechen. Selbst dann nicht, wenn der andere völligen Unsinn erzählen sollte. Er würde damit sein *Gesicht* verlieren. Wer unbedingt seine Meinung mit ins Spiel bringen möchte, wendet einen Trick an: Er gibt sie als die Meinung eines Dritten (natürlich nicht Anwesenden) aus, die er einbringt, um ein differenzierteres Meinungsbild zu erhalten.

Witze

Witze und Humor sind selten in eine Fremdsprache übersetzbar. Was man lustig findet, hängt zu einem großen Teil vom gemeinsamen kulturellen Hintergrund ab, und der ist bei Chinesen und Deutschen grundverschieden.

Chinesischer Humor funktioniert wesentlich subtiler als der deutsche. Chinesen sind häufig schockiert über die Boshaftigkeit, mit der in deutschen Witzen über Ausländer, Behinderte, Blondinen oder Ostfriesen hergezogen wird. Auch der chinesische Humor tadelt und macht sich über andere gerne lustig – mit Vorliebe über die Langnasen und ihre Versuche, Chinesisch zu sprechen –, doch wird er dabei nie verletzend. Über folgende Themen werden keine Witze gemacht: Religion, Sexualität, Unterprivilegierte und Minderheiten. Leichte sexuelle Anspielungen sind erlaubt, es darf aber nicht schmutzig werden (schon gar nicht in Gegenwart von Frauen). Sarkasmus und Ironie sind Felder, auf die man sich in Gegenwart von Chinesen gar nicht erst begeben sollte. Kalauer kommen weniger gut an als subtile Wortspiele. Mit Vorliebe nutzen Chinesen die Mehrdeutigkeiten ihrer Sprache, die ganze Sätze ins Komische wenden können.

Wutausbruch

Wutausbrüche sollte man in Gegenwart von Chinesen tunlichst vermei-

den, sie werden ohnehin nichts bringen – im Gegenteil.
Siehe auch → Emotionen.

X

Xiuxi
Siehe → Nickerchen.

Y

Yin und Yang
Siehe → Essen, Allgemeines, → Streitkultur.

Young Professionals
Berufseinsteiger sollten auf einer Geschäftsreise nach China immer von älteren Kollegen begleitet werden. Denn Chinesen verhandeln lieber mit erfahrenen Persönlichkeiten.
Siehe → Alter.

Z

Zahlensymbolik
In Deutschland ist der Glaube an die symbolische Bedeutung von Zahlen kaum verbreitet, wenn man einmal von der 13 absieht. Im chinesischen Alltag jedoch spielt die Zahlensymbolik eine große Rolle. Meist geht es dabei darum, dass die Zahl ähnlich wie ein anderes – positiv oder negativ konnotiertes – Wort klingt. Außerdem sind gerade Zahlen unter Chinesen wesentlich beliebter als ungerade, denn ungerade Zah-

len stehen in China für Einsamkeit. Ein chinesisches Sprichwort sagt: *Gute Dinge kommen immer zu zweit* (好事成双 hǎoshìchéngshuāng).
Obwohl es sich um eine gerade Zahl handelt, ist aber vor allem die Angst vor der Zahl 4 in China weit verbreitet. Denn *vier* (四 sì) klingt im Chinesischen ähnlich wie das Wort für *sterben* (死 sǐ). Telefonnummern mit der 4 werden daher gemieden, und auf den Nummernschildern von Autos wird man die 4 ebenfalls kaum finden – es sei denn, ein der Zahlensymbolik unkundiger Ausländer hat sich das Kennzeichen geschnappt. Chinesen werden allerdings nur ungern in sein Auto einsteigen – schließlich steht da so viel wie *stirb* auf seinem Wagen. Auch die Zahlenkombinationen 1 (幺 yāo) und 4 (四 sì) oder 5 (五 wǔ), 1 (幺 yāo) und 4 (四 sì) sind äußerst ungünstig, sie klingen nämlich wie: *ich will sterben* (要死 yào sǐ oder 我要死 wǒ yào sǐ). Und ähnlich wie man im westlichen Kulturkreis zum Beispiel in Flugzeugen auf die 13. Sitzreihe verzichtet, gibt es in China meist kein 4. oder 14. Stockwerk in Hochhäusern. Auch ihren 40. Geburtstag feiern viele Chinesen nicht.
Die 7 (七 qī) kann dagegen sowohl Glücks- als auch Unglückszahl sein: Einerseits hört sie sich an wie das Wort für *Lebenskraft* (气 qì). Andererseits wird die Zahl auch mit dem Totenkult assoziiert: 7 Wochen lang findet immer am 7. Tag eine Feier zu Ehren des Toten statt.
Die absolute Glückszahl in China ist dagegen die 8 (八 bā), denn sie klingt im Chinesischen ähnlich wie *Reichtum* (发 fā) – eine ideale Zahl für den Geschäftsmann, wie übrigens auch die Zahl 6 (六 liù), die ähnlich klingt wie *fließen* (流 liú). Mit vielen 8er und vielen 6ern in der Geschäftsnummer wird also der *Reichtum in Strömen fließen*. Auch die 9 (九 jiǔ) könnte für an nachhaltigen Beziehungen interessierte Unternehmen interessant sein, denn sie klingt wie das Wort für *lang anhaltend* (久 jiǔ). Außerdem war die 9 das Symbol für den chinesischen Kaiser, der wiederum mit dem Drachen verglichen wurde, und auch der gilt in China als Symbol des Glücks.

Siehe auch → Essensauswahl, → Essenssymbolik, → Farbensymbolik, → Geschenke, → Symbolik.

Zahnstocher
Trotz der im europäischen Vergleich lockeren Tischsitten, hält man zumindest die Hand vor den Mund, wenn man versucht, mit einem Zahnstocher unerwünschte Speisereste zwischen den Zähnen zu entfernen.
Siehe auch → Tischmanieren.

Zeichensprache
Siehe → Gesten.

Zeitmanagement
Für Verhandlungen in China sollte man sich immer Zeit nehmen und niemals einen zu engen Zeitrahmen stecken. Das liegt nicht zuletzt auch daran, dass an Entscheidungen immer sehr viele Personen und Behörden beteiligt sind, man also schon in dieser Hinsicht ein gewisses Maß an Geduld mitbringen sollte. Auch liegt das an der für Chinesen typischen Verhandlungstechnik, die Westlern häufig umständlich und zeitraubend vorkommt, selbst wenn sie das nicht unbedingt sein muss. Glaubt man, ein Thema endgültig abgeschlossen zu haben, taucht es plötzlich wieder auf und wird aufs Neue beleuchtet. Häufig spricht man daher auch vom spiralförmigen Verhandlungsablauf bei chinesischen Verhandlungen – im Gegensatz zum zielgerichteten, linearen, der zum Beispiel in deutschen Unternehmen gepflegt wird.
Zum einen sollte man also niemals versuchen, ein Ergebnis ungeduldig herbeizuführen oder sich vor lauter Zeitdruck zu unüberlegten Zugeständnissen hinreißen lassen, zum anderen aber auch nicht sein eigentliches Ziel im Labyrinth der chinesischen Verhandlungstaktik aus den Augen verlieren. Am besten hält man viele kleine Möglichkeiten,

Zugeständnisse zu machen, in der Hinterhand, die man zwischendurch immer wieder ausspielen kann.
Siehe auch → Taktik, → Verhandlungsablauf.

Zeitplan
Siehe → Terminplanung, → Zeitmanagement.

Zigaretten
Siehe → Rauchen.

Zuhören
Zuhören zu können, das ist in China eine Tugend, die man auch als westlicher Geschäftspartner pflegen sollte – sowohl bei Verhandlungen als auch beim Smalltalk. Allerdings pflegt man in China oft eine andere Form des Zuhörens als zum Beispiel in Deutschland. Aufmerksam zuzuhören heißt hierzulande, dass man möglichst stillsitzt. Wenn Asiaten stillsitzen, kann das unter Umständen bedeuten, dass sie eingeschlafen sind. Normalerweise haben sie kein Problem damit, neben dem Zuhören auch zu telefonieren oder pausenlos mit Stiften und anderen Gegenständen zu spielen. In China gilt: Solange man sich bewegt, ist man bei der Sache und zumindest noch wach.
Wenn Chinesen mit dem Kopf nicken, sollte auch das lediglich als Signal des Zuhörens verstanden werden. Und es bedeutet auch wirklich nur, dass sie die Schallwellen wahrnehmen, die auf ihr Ohr stoßen – nicht, dass sie alles verstanden haben oder dem Gesagten vielleicht sogar zustimmen. Legt der chinesische Verhandlungsführer ein paar Schweigeminuten ein, sollte man auch dem Schweigen aufmerksam lauschen und es keinesfalls unterbrechen.
Siehe auch → Schweigen.

Zoll und Einreisebestimmungen

Es gelten die üblichen Zollbestimmungen – z.B. Frischfleisch und Obst dürfen nicht eingeführt werden, außerdem nur begrenzte Mengen an Zigaretten und Alkohol – und die international üblichen Handgepäckregelungen (Einschränkungen bei Flüssigkeiten, scharfen Gegenständen, Feuerzeugen etc.). Politisch auffallende Literatur (z.B. Bücher über den Dalai Lama) sollte man besser nicht mit sich führen. Pass und Visum müssen den Bestimmungen entsprechen – am besten rechtzeitig noch einmal über die derzeit gültigen Regelungen informieren. Außerdem müssen sich Ausländer innerhalb von 24 Stunden nach Einreise bei der örtlichen Polizei melden. Normalerweise übernimmt dies aber das Hotel.

Geld und Zahlungsverkehr

Die Währung ist der *Chinesische Yuan*, CNY (元 yuán), auch *Volkswährung*, RMB (人民币 rénmínbì), genannt, im Alltag hört man meist die Bezeichnung *Kuai* (块 kuài), was soviel wie *Stück* oder *Einheit* bedeutet. Größere Geldbeträge (z.B. Hotelrechnungen) können mit internationalen Kreditkarten beglichen werden. Ansonsten ist, auch in vielen Restaurants, Bargeld üblich. Daher sollte man stets ausreichend Bargeld bei sich tragen. Wer auch einmal das Essen in einer Garküche oder bei einem Straßenhändler testen möchte, sollte möglichst kleine Scheine mit sich führen. Bargeld kann mit einer EC-Karte (auf das Maestro-Zeichen achten!) oder Kreditkarte an vielen Geldautomaten abgehoben werden. Allerdings funktioniert dies nicht bei jeder Bank. Bei Automaten der Bank of China gibt es meist keine Probleme. Üblicherweise berechnet die Bank in Deutschland dafür eine Gebühr von bis zu 5 EUR. Daher lohnt es sich meist, einen größeren Betrag auf einmal abzuheben (z.B. 2500 RMB, das übliche Maximum). Wer Geld wechseln möchte, sollte das bei einer Wechselstube am Flughafen machen. Bei einer Bank zu wechseln, ist zwar problemlos möglich, kann aber einige Zeit in Anspruch nehmen.

Wetter, Klima und Kleidung

China ist groß und kennt extreme Wetterunterschiede. Daher sollte man Wetter und Klima im Reisezeitraum unbedingt prüfen und entsprechend Kleidung vorbereiten. Vor allem im Sommer können die Temperaturunterschiede erheblich sein. Dann herrscht draußen sehr heißes, feuchtes Wetter, die Gebäude hingegen sind meist stark klimatisiert. Ein Regenschirm ist nie falsch – er hilft gegen Regen, aber auch bei starker Sonne. Regenschirme sind in China in vielen Supermärkten oder bei Straßenhändlern erhältlich. Wer sich außerhalb der großen Städte aufhält, sollte auch an Mückenspray denken.

Trinkwasser

Leitungswasser zu trinken ist nicht ratsam. Zwar gilt es als gesundheitlich unbedenklich, wird aber auch von Chinesen nur zum Waschen und zum Zähneputzen benutzt. Besser ist es, nur Wasser aus originalverschlossenen Flaschen zu trinken.

Strom und Telekommunikation

Deutsche Elektrogeräte können ohne weiteres in China benutzt werden (für gewöhnlich sind sowohl Spannung als auch Stecker kompatibel).
Man kann üblicherweise mit deutschen Handys in China problemlos telefonieren. Wer aber vorhat, viel innerhalb Chinas zu telefonieren, kann sich auch eine chinesische Telefonkarte zulegen.
Hotels haben oft Internetzugang auf den Zimmern, die Geschwindigkeit schwankt aber erheblich (auch je nach Tageszeit). Öffentliche Hotspots sind mit Vorsicht zu genießen.
Bestimmte Seiten (wie zum Beispiel Facebook) sind durch die sogenannte *Great Firewall of China* gesperrt. Wer wie gewohnt auf alle Seiten Zugriff haben möchte, sollte sich schon vor der Einreise in China ein VPN (Virtual Private Network) auf seinem Rechner installieren.

Sicherheit, Diebstahl

In China ist Diebstahl weit verbreitet, insbesondere Taschendiebstahl. Wertgegenstände sollte man am Körper mitführen oder im Hotelsafe deponieren. Gewaltkriminalität ist in China relativ selten, insbesondere gegen Ausländer. Dennoch sollte man die übliche Vorsicht walten lassen.

Die größte Gefahr lauert allerdings beim Überqueren von Straßen. Auf Fußgänger wird nämlich kaum Rücksicht genommen.

Im Notfall

Am besten speichert man in seinem Handy die Nummer einer im Notfall immer erreichbaren chinesischen Vertrauensperson ein – das kann nützlich sein z.B. bei Taxi-Irrfahrten, Begegnungen mit der Polizei oder sonstigen Kommunikationsproblemen. Am besten führt man auch immer eine Karte mit der Adresse des Hotels (in lateinischer Schrift und in chinesischen Schriftzeichen) mit sich.

Die medizinische Versorgung in Peking und Shanghai entspricht westlichen Standards und Preisen. In anderen Städten ist die Versorgung gut, auch wenn sie nicht westlichem Standard entspricht.

Die aktuellen Telefonnummern der deutschen Botschaft stehen auf der Internetseite des Auswärtigen Amts (www.auswaertiges-amt.de)

PACKLISTE – DAS SOLLTE MAN AUF JEDEN FALL DABEI HABEN

Diese Dinge sollte man mit in den Koffer bzw. das Handgepäck packen. Alles andere kann man zur Not auch vor Ort besorgen. Wer in eine chinesische Großstadt reist, wird dort alles an Medikamenten oder Technik finden, was er benötigt. Da an jeder Ecke eine Bank of China zu finden ist, ist dort auch ein finanzieller Engpass kaum zu befürchten. Kleidung und Kosmetika sollte man jedoch besser von zu Hause mitbringen, vor allem große Kleidungsgrößen sind schwer aufzutreiben.

Dokumente und Unterlagen

- Reisepass mit Visum
- Flugticket
- Kreditkarte und / oder EC-Karte (Letztere muss allerdings zwingend das Maestro-Zeichen enthalten)
- Bargeld (zur Sicherheit)
- Kopien aller wichtigen Dokumente
- Auslandskrankenversicherung
- Visitenkarten in ausreichender Anzahl
- Firmenbroschüren zum Verteilen (mehrsprachig)

Technik

- Handy und Ladegerät
- Laptop / iPad und Ladegerät

Kleidung

- Anzug und Krawatte bzw. Kostüm
- Verschiedene Hemden bzw. Blusen zum Wechseln
- Mehrere Socken zum Wechseln (rechnen Sie damit, dass Sie bei Besuchen in Privathaushalten ggf. die Schuhe ausziehen müssen)
- Geschlossene Schuhe
- Hausschuhe sind in der Regel nicht nötig, sondern werden gestellt
- Evtl. Sportbekleidung; wer Schwimmen gehen möchte, braucht zwingend eine Badekappe

Kosmetika

- Deodorant
- Taschentücher
- Feuchttücher (in öffentlichen Toiletten gibt es oft kein Klopapier)

Reiseapotheke

- Persönliche Medikamente
- Sonnenschutz
- Mückenspray
- Mittel gegen Durchfall und Magenbeschwerden

Sonstiges

- Fotos des Unternehmens sowie Privatfotos, die man seinem Geschäftspartner zeigen kann
- Gastgeschenke für den chinesischen Geschäftspartner (am besten in aufwändiger roter Verpackung) – aber die Zollvorschriften beachten!
- Geduld und ein Lächeln
- Dieses Buch